前记　镌刻流年 / 001

第一辑　俯仰今古

智化寺的大藏经和京音乐　/ 002

两座睿王府　一部《红楼梦》/ 009

算房高家的档案　/ 021

可园轶事　/ 028

走访哲匠世家　/ 039

第二辑　文化新风

寻找未名社　/ 050

百年欧美同学会 / 064

第三辑　商贾集萃

京城美馔——便宜坊 / 074

老字号"六必居"的前世今生 / 084

实说丰泽园 / 092

火烧旺地——劝业场 / 103

第四辑　故地寻踪

寻找颐寿堂 / 118

破解朝内大街 81 号"鬼宅"之谜 / 126

说说北京的"猴"事 / 136

新街口的契园和它的主人 / 144

回望通州 / 150

第五辑　见证沧桑

东交民巷街区的漫漫回归路　/ 158

实说老天桥　/ 167

想起白塔寺一带　/ 178

话说崇内　/ 186

观音寺街的人烟往事　/ 193

说说炮局和炮局胡同那些事　/ 203

我所知道的前圆恩寺胡同　/ 208

且说大取灯胡同　/ 221

帽儿胡同传奇　/ 230

漫谈北京街区的地名传承　/ 239

《总体规划》里的北京城　/ 247

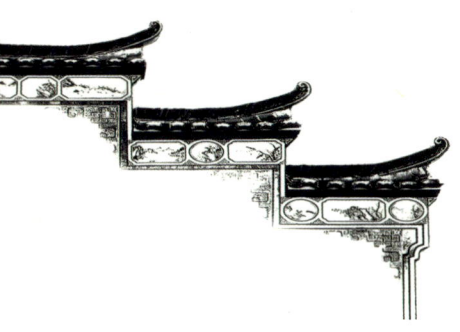

前记　镌刻流年

镌刻是工匠的记载行动,古已有之。远古的人们将狩猎、生产、劳动以及一些历史事件用岩画、鼎镂、甲骨、竹简、石刻等工艺进行记录,使之留存至今。造纸术发明以后,人们又将有价值的历史记忆以书写的方式镌刻在纸上,成为历史印记。

多年在档案部门工作,习惯于依托档案史料进行实地调查,不断挖掘口述史料,把值得铭记的流年往事书写下来,感觉自己也像一名进行镌刻的工匠,把档案故事经过细细揣摩,雕琢于纸上,飨人飨己。

本书以"俯仰今古""文化新风""商贾集萃""故地寻踪""见证沧桑"五部分为辑,每篇文章都是在揣摩档案史料后,对所涉及的人和事进行实地调查比对,再对相关知情者进行采访而书写完成的。其中,有对古今历史文化的考据,也有对新文化运动前后典型事件和重点人物的研究,有对北京老字号的调查,也有对抗日战争时期史实的查证,还有对北京地区或某一地点过往故事的描写,更多的是对北京胡同街区变迁脉络的梳理。

调查考据并成篇的过程是艰辛和漫长的，但又是充满乐趣的享受的过程，故而又是快乐的。这个过程，不但镌刻下了流年记忆，也镌刻下了我工作和生活的轨迹。看到以往的付出能以此"果实"形式呈现给大家，就更感自得其乐了。

是为序。

王兰顺

2018年6月18日

第一辑

俯仰今古

智化寺的大藏经和京音乐

1999年，我在建国门街道工作时，曾经在禄米仓社区举办过"禄米仓胡同今昔图片展"，还曾与中央电视台合作拍摄了三集纪录片《老胡同的诉说》，其中一集就是《智化寺访古》，所以，对于智化寺的情况不陌生。2004年10月，我去房山云居寺参观，不禁为那里的石经宝藏而叹服，走进中院东侧殿，听见工作人员正用高亢的声音介绍着殿内所陈列的乾隆版《大藏经》，当他讲到这些雕刻精美的《大藏经》竟来自智化寺时，我不由得心中一震，看来我对智化寺的了解太少了，我马上决定再去智化寺，针对那里的藏经情况进行探访。

一、智化寺里的大藏经

智化寺位于北京市东城区禄米仓东口路北，是明初司礼监太监王振于明正统八年（1443年）仿唐宋"伽蓝七堂"规制而建的家庙，后又赐名"报恩智化寺"。

智化寺主要建筑有山门、钟鼓楼、智化门、智化殿、大智殿、藏殿、如来殿、大悲堂等。寺内建筑的屋顶全用黑色琉璃铺砌，梁架、斗拱、彩画等仍保持着明代早期的特征。经橱、佛像及转轮藏上的雕刻，遒劲古朴，艺术高超。

智化寺老照片

以前,我在对智化寺的采访中得知,与寺院同时兴建的藏殿里存放的是智化寺的镇馆之宝《大金孔雀王咒经》,它们被分别安装在造型精美、雕刻精湛的转轮藏上。那一个个装有经书的经函中央浮雕着佛像,在佛像一侧上端,用楷体,依千字文为序,编目"大金孔雀王咒",由"天"至"机"共七百二十四字,每字一函,共七百二十四函,每函内放十册经卷,共七千二百四十册,堪称稀世珍宝。另据史料记载,明天顺六年(1462年),复辟后的明英宗朱祁镇,除了为智化寺的主人大太监王振招魂安葬,还特地为智化寺颁赐了一部宫廷刻本大藏经《北藏》。

再次登临智化寺,我迫不及待地想知道在云居寺里所闻的虚实。据当时文博交流馆社教部主任孙素华介绍:1984年智化寺文保所成立后,杨文书所长一日在如来殿,惊异地发现释迦牟尼佛像背后有一个

智化寺雪景

打开的方孔,在此佛藏中清理出了好几种佛经。所谓佛藏就是指佛像的内部一般都为空心,正式开光前都要将金银珠宝、五谷、经卷等物放入。这次从佛藏中发现的经卷最珍贵的是三卷元代官版刻经《大宝积经》《陀罗尼集经》《大金孔雀王咒经》。经过鉴定,这三卷经书均为国家一级文物。

走进智化殿,细心端详那一块块用梨木雕刻的乾隆版《大藏经》,它虽然历经了两百多年的风雨,但经板仍然基本完整。据说全部经书的版片重约四百吨,共收录典一千六百七十五部,堪称我国木版书之最。目前世界上只有两部汉文《大藏经》的经板保存至今,除

如来殿

此之外，另一部是高丽经，现藏于韩国伽耶山海印寺。这部始刻于清雍正十一年（1733年），完成于清乾隆三年（1738年）的乾隆版《大藏经》也是中国最后一次官刻汉文《大藏经》，因每卷首页均有雕龙万岁牌，故也称为龙藏。

据说，清代以前历代雕刻的经版皆毁灭无存，唯有此龙藏经版基本完整地保留下来。我不由得对面前的这些经版肃然起敬，不仅为这经版巧夺天工的雕刻技艺，也为这硕果仅存的稀世珍宝。智化寺就像一座佛教艺术博物馆，每次登临都会有许多收获。

二、重新奏响的京音乐

2004年10月,正值秋高气爽,智化寺也到了最漂亮的时候。我在当时文博交流馆社教部主任孙素华的引领下,目不转睛地欣赏着智化寺所藏的《大藏经》,这时,我的耳边不时传来疑似僧人诵经的唱声,我不禁想:"难道智化寺京音乐又重新奏响了吗?"经过一番询问,得知,确实有智化寺在河北屈家营招募的人员正在老乐僧张本兴的带领下咏唱京音乐。我赶紧来到后院,欣喜地发现年过八旬的老乐僧张本兴正带领着六名徒弟兴致勃勃地为游人演奏。早就听说智化寺里的京音乐与泉州南音、西安城隍庙鼓乐、山西五台山青黄庙音乐并称为"中国四大古乐体系",今天我还真是第一次现场感受它原汁原味的魅力。看着张本兴带领着他的这六名高徒如痴如醉地演奏着《醉翁子》《喜秋风》《拿天鹅》等曲目,我的喜悦之情溢于言表。

以前了解到,明代智化寺的创办人王振曾掌管宫廷教坊。大约在明正统十一年(1446年),他将宫廷音乐与寺庙音乐相融,形成了曲调空灵、古朴典雅的智化寺佛乐,其大部分曲牌与明永乐二年(1404年)编成的《诸佛世尊如来菩萨尊者名称歌曲》基本相同,艺僧们按照十分严格的"口传心授"的方式代代相传,至今虽历经五百多年,但仍然保存着相对完整的明代遗风,堪称"中国音乐的活化石"。

智化寺京音乐的乐谱,采用的是中国古老的公尺谱,谱本主要有三套,一是1952年在智化寺如来殿藏经橱内发现的清康熙三十三年

（1694年）由智化寺十五代艺僧永干所抄的古谱，二是清光绪二十九年（1903年）的乐谱抄本，三是寺中二十六代艺僧张本兴整理的抄谱。

1982年北京市佛教协会恢复活动后，在凌海成等人的积极推动下，一些老乐僧被请回庙里。当时共找到八名，分别是明声、秀全、增远、兆禅、绪增、福广、学礼、本兴。本兴（俗姓张）1982年退休后就居住在寺里，不懈地研究、赶抄工尺谱，并深入揣摩管、笙、笛、鼓、九云锣等每一件寺藏乐器对京音乐的完美体现。1986年3月31日，北京市佛教协会成立了由智化寺京音乐的传承人组成的"北京佛教音乐团"。同年底，该团即赴法国、瑞士等国演出。

演奏京音乐

  而今，当初能够演出京音乐的老乐僧们大多已过世。张本兴带着这六名徒弟，经过一段时间的熟悉、磨合，为的就是能有一天使这一古老的文化遗产再获新生。后来他们终于走进录音棚对智化寺现有的四十八首曲目进行原汁原味的录制。这也是智化寺十几年来规模最大、曲目最多的一次录制，目前已灌制完成了五盘系列CD，但是由于经费等各方面条件限制，当时只公开发行了一张，进一步的工作还在积极筹备之中。这对堪称活化石的京音乐无疑是一次集中抢救性的发掘和传承。

  在沉寂了十几年之后，今天，当人们在古朴、苍凉的京音乐伴奏下参观智化寺，一定会有一种探幽中的惬意之感！

两座睿王府　一部《红楼梦》

曹雪芹先生已经逝世二百五十多年。笔者以"两座睿王府　一部《红楼梦》"为题的拙作,并非是要触及红学、曹学以及清史的相关话题,只是对两座睿王府与《红楼梦》存在的各种联系感兴趣,而将自己的心得与感悟抒发出来,以飨读者。

一、从睿王府中走出来的《红楼梦》

和硕睿亲王是清初的"八大铁帽子王"之一,世袭罔替。第一代睿亲王是历史上著名的多尔衮。多尔衮以"摄政王"的身份,在明朝投靠来的总兵吴三桂协助下,大败李自成农民军,占领了北京城之后,又令哥哥英亲王阿济格、弟弟豫亲王多铎进兵江南及中原,占领了大半个中国,为清朝鼎定大局打下了基础。此时,这三兄弟可谓是权倾一时。而《红楼梦》作者曹雪芹的祖先曹振彦正是镶白旗旗主英亲王阿济格家的包衣(总管)。

进驻京城后,当时,诸亲王府均建在皇城外,唯有睿亲王府和他哥哥阿济格的英亲王府建在皇城内,足以证明这兄弟俩在诸亲王之上的地位。

清顺治七年(1650年)多尔衮因狩猎坠马,受伤后处置不当,

多尔衮像

于十二月初九（1650年12月31日）猝死于喀喇城（承德市郊木兰围场），享年三十九岁。灵柩运回北京，顺治皇帝"诏臣民易服举丧。丙申柩至，帝率诸王、贝勒、文武百官，易缟服出迎于东直门五里外，哭奠尽哀"。顺治皇帝追尊他为"懋德修道广业定功安民立政诚敬义皇帝"，庙号"成宗"。多尔衮的葬礼依照皇帝的规格举行，埋葬在北京东直门外（今新中街三条三号附近）。因多尔衮身后无子，故过继豫亲王多铎的第五子多尔博为嗣子，承袭"睿亲王"。

这时，多尔衮唯一在世的嫡亲英亲王阿济格在争夺摄政王权位的斗争中败下阵来，成了囚犯，并很快被赐令自尽。英亲王倒台后，曹雪芹的祖上转入内务府，成为内务府包衣。

清顺治八年（1651年）二月，十三岁的顺治皇帝第一次亲政后，便以"逆谋大罪"撤去多尔衮的庙享，并夺封典袭爵。多尔衮一家被着令"籍所属家产人口""黜宗室"。令多尔衮的"养子多尔博、女东莪给信王"（信王即多铎二子多尼），多尔博封贝勒衔。

清顺治十年（1653年），大学士明珠迎娶了阿济格的第五个女儿。

康熙年间，曹雪芹的曾祖父曹玺由内务府包衣出任江宁织造，而曹雪芹的祖父曹寅做过康熙皇帝的伴读和御前侍卫，后继任江宁织造，兼任两淮巡盐监察御史，极受康熙宠信。曹寅的长女（曹雪芹的姑母），由康熙帝指配给礼亲王代善的五世孙平郡王讷尔苏为福晋。因此，曹家与一些王府的关系也很密切。

到了乾隆朝，曹雪芹的表哥迎娶了明珠大学士的曾孙宁琇的长女。

受过良好教育的曹雪芹，自小对王府的生活就很熟悉，曾耳濡目染了家境败落的过程，在心中不断咏唱着那段家事的挽歌。而此时阿济格的后代敦敏、敦诚虽为宗室，地位仍然很低。祖上的共同经历，使他们与曹雪芹结为好友，但由于曹雪芹祖上的包衣身份，使他仍有仆人下贱的内心情结。在日后曹雪芹成就的大作《石头记》（《红楼梦》）中，对一些情节的描写细致入微，反映了其生活经验或真实的历史事件。

随着皇亲国戚对多尔衮兄弟三人的再认识，民间对那段经历也有了较为生动的传说。这时，曹雪芹结合自己的家事、经历以及口耳相传的故事所著的《红楼梦》也在他的至亲好友和一部分宗室贵族的小范围里流传。

《红楼梦》中的许多表述让人感到扑朔迷离，小说中对许多史实的隐喻描写更让人充满了猜想。例如：宁国府是否暗指多尔衮府？因为小说中有许多故事似乎让人很容易地联想到多尔衮。在小说中描写被抄家的场面时指出"抄出黑狐皮十八张"，在那时黑狐皮制品是皇家御用，在官宦家里抄出黑狐皮确属逾制。而现实中，顺治皇帝确实给过多尔衮两顶黑狐皮帽子，也给过多铎黑狐皮帽子。再有，小说中的贾赦、贾政，不正是"摄政"二字的索隐吗？贾王薛史是否通假"家亡血史"？甄士隐是否寓意将"真事隐去"？

小说中把甄英莲这个女孩拉到"家国君父、武侯之三分、武穆之二帝"的高度，又有"有命无运，累及爹娘"的境遇。而甄英莲的名字，让人很容易与"真应怜"联想到一起。而"英"字，不正谐英亲王阿济格"真可怜"吗？这不由得让人想起多尔衮三兄弟的身世：多尔衮十五岁时，父亲努尔哈赤病故。当时多尔衮兄弟已辖正黄、镶黄二旗，实力超过了三大贝勒，并且他的母亲阿巴亥掌握实权，且年富力强、智慧超群。有母亲做后盾，多尔衮成为除皇太极和代善之外唯一可能问鼎汗位的人。但是，多尔衮毕竟年少，对皇太极不具有压倒性的优势，这个时候，代善出于政治稳定的考虑，决定拥立皇太极为汗。皇太极继承汗位之后，为了除掉政治上潜在的对手，立即率诸贝勒赶赴阿巴亥居所，逼她自尽，为努尔哈赤殉葬。阿巴亥死前要求皇太极善待"恩养"多尔衮兄弟，皇太极答应了她的请求。阿巴亥殉葬后，多尔衮丧失了继承大统的可能。

而在多尔衮的摄政下，统一江山之后，多尔衮却因为从马上跌伤而身亡，不让人觉得蹊跷吗？贾雨村的名字是否寓意"假语存焉"？小说中对元春暴薨的描写，是否隐喻了多尔衮死得太突然？真是"千

现普度寺大殿，即原睿亲王府银安殿

红一窟,万艳同杯(千红一哭,万艳同悲)"啊!

怡红院谐作"遗红怨"、潇湘馆谐作"消香馆"、蘅芜院谐作"恨无缘"……正是曹雪芹在小说中故意走在政治悬崖边上的感慨和叹息,《红楼梦》的抄本才在那些有同感的宗室贵胄家族中传播开来,风靡一时,而曹雪芹最终却是穷困潦倒而亡。

二、走进"红楼梦"中的睿王府

就在曹雪芹死后十余年,多尔衮案在一百二十七年后被乾隆皇帝平反昭雪。其后,乾隆皇帝又对多尔衮已作古的后代多尔博、苏尔发、塞勒、齐努浑、功宜布、如松均追封"睿亲王",并让如松之子——十七岁的淳颖承袭"睿亲王",继承位于石大人胡同(后称外交部街)的信郡王如松府为"睿亲王"新府。

睿王府新府雪景

淳颖被时任大学士英和称为"天资高秀,誉望早崇"。淳颖府上的幕僚王芑孙也称誉他"才量子建奢","诗赋一家谁得似,翩翩才子又黄书"。

1986年6月,在哈尔滨国际"红学"研讨会上,公布了一幅清乾隆辛亥年(1791年)睿亲王淳颖《读〈石头记〉偶成》的诗稿原件,此事引起了社会关注。

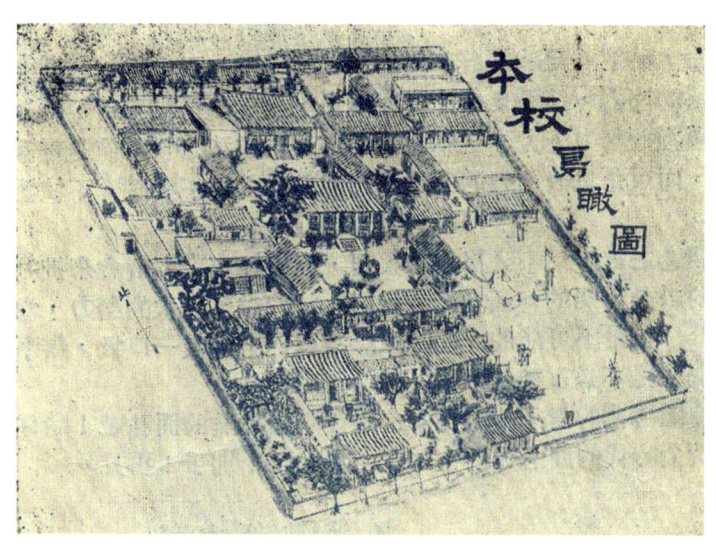

大同中学鸟瞰图

其中有一首写着:"满纸喁喁语不休,英雄血泪几难收。痴情尽处灰同冷,幻境传来石也愁。怕见春归人易老,岂知花落水仍流。红颜黄土梦凄切,麦饭啼鹃认故邱。"

而其中"满纸喁喁语不休,英雄血泪几难收"的诗句,显然是淳颖概括其对《红楼梦》的总体印象。就对《红楼梦》的感知、理解和共鸣而论,淳颖的这句诗比同时代任何读者留存下来的笔记都要准确而强烈。就当时读《石头记》的宗室贵胄来说,淳颖的地位是最高的,对这部作品和作者的评价也是最高的。

自淳颖之后,题咏《红楼梦》在清朝嘉庆、道光年间蔚然成风。当今天人们在紫禁城中的长春宫看到《红楼梦》的壁画,便能感知

《红楼梦》在宫阙大内中的影响。至于它何时传入宫中,目前尚不得而知。更有在皇史宬(清宫档案保存地)内,至今还保留着的宣统皇帝在上书房亲笔书写的《红楼梦》鼓词,看来《红楼梦》的确与清宫保持着一种神秘的关系。

三、是红楼梦,也是睿王府

清朝宣统皇帝退位后,根据退位时《优待条例》中"清王公世爵概仍其旧"的规定,淳颖的后代中铨承袭"睿亲王"。按照1915年10月7日睿亲王府的房契记载,当时这座王府共有灰、瓦、楼房288间。

清代最后一任睿亲王"世子"金寄水曾在《王府生活实录》中绘有一幅《睿王府示意图》。图中标示:睿亲王新府坐北朝南,分东、中、西三路。中部有绿琉璃瓦顶的府门5间,府门东、西两侧各有一座"阿斯门"。府门外东、西两侧安置着一对石狮、灯柱、拴马桩和辖禾木,府门对面是一座影壁。府门内一进院,正房建在1.5米高的台基上,有大殿5间,上覆绿色琉璃瓦,俗称"银安殿"。在银安殿东、西两侧有厢房各3间,东为"笔札房",西为"回事处"。大殿后面有二府门3间,也称"小殿"。二府门正北有神殿5间,院内的东配殿是佛堂,西配殿是大厅。神殿后面又有一座院落,有正房5间,名"安福堂"。"安福堂"后面是后下房。东路从南往北依次为:档子房、库房、厨房、戏台、家庙、遗念堂等建筑。家庙前殿有乾隆御笔的"祭如在"匾额,家庙后殿有庆亲王书写的"骏烈清芬"匾额。西路为休闲区。除去屋宇还有池塘、假山、游廊、亭、轩等建筑。

中铨承袭"睿亲王"时与弟弟中铭均为二十多岁,平日过惯了奢侈生活,而今轮到这哥俩当家,更是一掷千金,斗阔比富,挥金如土,但失去了清廷保护伞的睿王府开销如此巨大,渐渐花光了祖上留下来的财产。中铨为了维持生计,在1923年5月将这座偌大的王府卖给了由张学良夫人于凤至负责的华北江淮水灾协赈会,用以抵债,而华北江淮水灾协赈会又在1933年将这座府第转卖给了私立大同中学。

私立大同中学进入睿王府后,基本保留了睿王府的所有建筑形

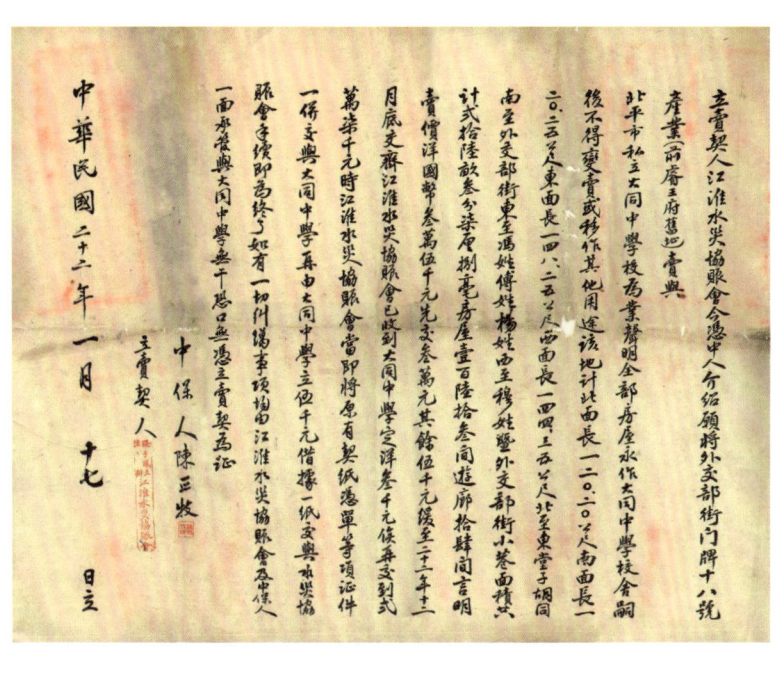

江淮水灾协赈会与私立大同中学的卖契

态。睿王府大门成了学校的大门；银安殿成为学校礼堂；神殿成为学校图书馆；东大院习射骑马地成为学校操场；遗念堂成为学校的办公室……

而失去了王府的睿亲王中铨，则过着穷困潦倒的生活，1931年，中铨又因盗卖祖坟里的陪葬品被判刑下狱。1939年，最后一代睿亲王中铨在贫病交加中死去。

中铨弟弟中铭之子金寄水，在王府中当了近九年的"世子"。就在王府即将被变卖的那一年，还曾"恭代"其伯父在除夕家祭与清明扫墓中担当主祭，有过当王爷的体验，出府八对宫灯引路，郊游四辆汽车跟随。

而当金寄水随全家迁出王府后，就不断搬家，房子越住越小，乃至只能居于斗室之中靠卖文为生。抗日战争时期，金寄水主要靠典当度日，伪满"宗人府驻京办事处"想诱他去"新京"承袭睿亲王爵，被他断然拒绝。1949年后，金寄水加入北京大众文艺创研会，担任《说说唱唱》编辑，后又任《北京文艺》编辑，也曾在卫生出版社校订过李时珍的《本草纲目》，退休后与周沙尘合著了《王府生活实录》。

作家吴晓玲曾到过金寄水住的崇文门外豆腐巷一间窄窄的西房，感叹道："显赫一世的睿亲王多尔衮的后

金寄水先生像

裔清贫以致于此，人方忧之。"京味儿作家邓友梅曾说金寄水"都混到一天两顿窝头一碗粥了，咸菜还要切得像头发那么细，凉窝头得切成片，要用油烙着吃"。

舒乙先生曾这样评价金寄水："他是我见到的最后一位贵族出身的现代文人，一个非常可爱、非常儒雅、非常纯真又有学问的人。他的身上带着强烈的时代痕迹，令人惊奇的是，这些痕迹竟全是那么优秀，那么美妙，那么讨人喜欢，正因为如此，他便成了一个特殊的典型，使人们想起来便有一种心痛、惋惜和赞誉的感情，全搅在一起了……他就是文化！对金寄水就能说这句话，他配！"

金寄水晚年住在紫竹院附近的一座高层居民楼中，他将居室命名为"野石斋"，并有诗云："凤城西北有高楼，薄醉凭阑易感秋。毕竟晚晴无限好，闲云虽懒不知愁。"由此可见他依然开朗、知足的生活态度。1987年，金寄水先生逝世。

历史与现实的循环往复，有时真不知是必然还是巧合。有趣的是金寄水先生又是小说《红楼梦外编之一·司棋》的作者，在他身上我们似乎又看到了淳颖对《红楼梦》如痴的影子。发生在睿亲王府真实的故事与金寄水先生最后的结局，不正是《红楼梦》现实版的演绎吗？

进入21世纪，对《红楼梦》的研究更加深入。人们越来越认识到历史

《红楼梦外编之一·司棋》

事实与文学作品的相互索引、文学作品与历史事实的相互结合是研究《红楼梦》的重要方法。曹雪芹越来越清晰显现的经历,以及他带着隐喻的艺术文笔,更加显示出这部文学作品与历史事件的张力。

而今,位于东城区外交部街31号的原睿亲王新府故址,现在是北京市第二十四中学,过去的遗迹已荡然无存。若是站在这块已经失去了历史文化载体的故址上,向那些读书或嬉戏的学生们讲起《红楼梦》这部世界名著,定是要发挥他们的想象能力了。

算房高家的档案

2007年,我在西交民巷筹办"西交民巷地区历史文化展"时,曾到位于西交民巷北侧的前细瓦厂胡同了解历史形态,看到一处砖雕精美的如意门,一打听才知道是老门牌5号,当初这里居住着为皇家建筑服务的算房高家。

算房高家住宅门楼

而今,每当人们谈论到皇家建筑,一般都会说起样式雷家族。单士元先生在《故宫史话·著名建筑匠师》中曾记述:清代有样式房、销算房承办制度,皆世守之工,分掌营造事业。凡兴作由样式房进呈图样,奉准后再发工部或内务府算房编造各作做法和估计工料。可见,在清末皇家建筑行业里,算房也是非常重要的一环。历史上算房刘、算房梁、算房高、沟董家都是销算房这一方的领军人物。但由于现存资料不多,他们的情况尚未被人们所了解。

所谓"算房刘家"有刘廷瓒、刘廷琦;"算房梁"指的是梁九;"算房高家"主要指的是高芸(字兰亭);而所谓"沟董家",指的是专门承接疏浚沟渠工程的董姓之家。

走访西长安街街道的老干部,他们告诉我:听说国家图书馆曾藏有"高兰亭档案"。算房高家原来也保存有大量的档案,"文革"期间,高家所存档案及装具被拉走了三卡车,工作人员担心这些东西万一有价值毁了可惜,还特意请有关部门的人前来鉴定。但是来的人看了看,认为上面记账的方式与现代记账方式没有多大区别,价值不大,后来听说被送到造纸厂了。

"文革"后,高家后人从返还的麻袋里翻出了四百余份档案,有簿册、舆图、折子、禀稿、文移、信函等。从内容看,大多是工程档案,上面的描述很细致,其中依稀可以看到中南海西苑门、天坛祈年殿、颐和园排云殿、圆明园海晏堂、正阳门、清东陵等建筑物的图纸及说明等。按照这些图纸和说明,即便是这些建筑物都消失了,依然可以复建。为了发挥这些档案的作用,高家后代决定将这批档案交给清华大学建筑学院代为保管,当时与清华大学建筑学院资料室的林洙女士办理了交接手续。

为了弄清楚算房高家的情况，我特地走访了梁思成先生的夫人、清华大学建筑学院的林洙老师。林洙老师告诉我，当时将两麻袋算房高家档案拉回学校后，很长时间不敢轻易动这些档案，因为一旦打开，就得铺一大片，这些档案不是成册的，都是单篇散落的，如果让别人拿走或丢失几张，损失就大了。恰巧有一天，清华大学建筑学院的博士生刘畅找到林洙，提出想利用这批档案作博士论文。林洙答应了，不过与刘畅约法三章，看档案可以，但研究过程中要整理出一个目录，这样才使这批档案有了初步的条理。在随后的几年里，清华大学建筑学院拨款做了几个柜子作为算房高家档案的专门装具，并对那些被蹂躏得辨不出模样的档案进行了裱糊，之后整理、编号、上架工作也相继完成，算房高家档案终于得以完好保存，物尽其用了。

随后，通过各方联系，我终于找到了算房高家的直系后人，时年九十岁高龄的高婉章女士。老人拿出了一张父亲高振声生前撰写的记述家事的一份档案，这份不足五百字的文稿概述了高家的发展脉络、功绩及退出销算行的原因。从这份档案记载中得知，所谓算房高，源自高芸（字兰亭）。高兰亭祖籍浙江绍兴，因家境困窘，于是立志学习实业，终身不仕。当时，建筑销算还是一个很有前景的职业，高兰亭便选择了这个行当，并终其一生致力于研究大建筑之术。当时，清代皇家工程的兴建由内务府负责，分样式房和销算房，样式房负责设计，销算房负责工程预算，高兰亭就在销算房工作。

作者与林洙一起浏览算房高家档案

从事销算行业,不仅要懂计算,还要懂建筑设计、工程管理等等。其程序是:销算人员根据样式房提供的图样,算出用多少工、多少料,编制出合理的经济预算。显然,干这个行当需要很深的功底,而要闯出名头,更要像高振声生前撰写的家族简介一样有不同一般的真功夫。

高兰亭不仅长于计算,而且工作严谨。"执经受业以来,虽百而一鸣,亦必兢兢业业,细心研究,务必求其所以然,故略得营造之要奥,一砖、一瓦、一栋、一梁,均求准绳。"

据传,高兰亭得出的销算结果,往往与实际工程相差甚微,因而很受信任。从高婉章女士所提供的这份档案以下文字中可见一斑:

"溯自兰亭从师学习帮办工程,迄至自己承其役,前后历五十年,承办大小工程不下百余处。"在这些工程中,大者如天坛祈年殿、颐和园、三海、西太后陵寝、光绪陵寝、圆明园的海晏堂、正阳门城楼等,这样干下来,高兰亭总算在销算行里闯出了一片自己的天地,算房高也因此名扬天下。

高兰亭年老后,由其长子高鹤延(字寿朋,高振声的父亲)继承父业"前后又廿余年"。档案中还有一段这样的记载:"国体变更(辛亥革命)后,袁世凯做皇帝,曾遣人找我们为彼营梵地。我们以彼是一卖国贼,曾婉言以年老谢绝。"保留在高婉章女士手里的这份

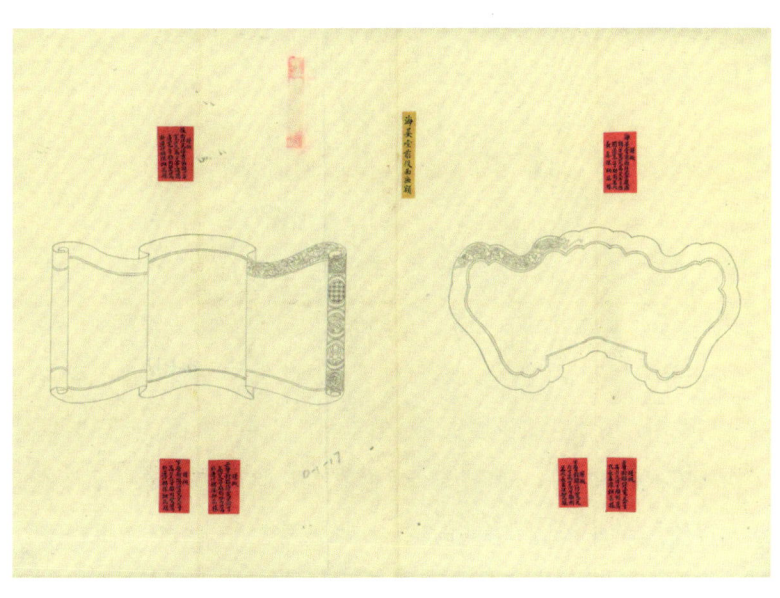

海晏堂建筑构件图纸

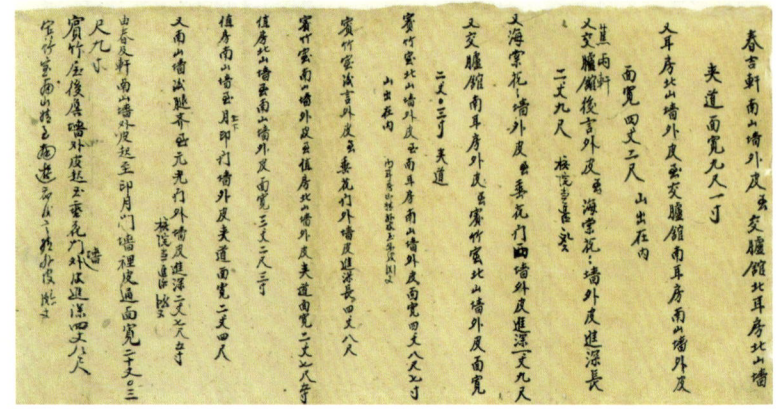

算房高家档案

档案,让人看后不由得对算房高家肃然起敬。

在清华大学建筑学院翻阅算房高家档案,感到其字迹工整、秀丽,内容详细、丰富,例如:圆明园海晏堂的平面图、立体图,连室内陈设也都展示得一清二楚;正阳门城楼工程所需物料数目表中,使用生桐油、麻线、南红土等材料的斤两数一目了然。算房高家档案无疑填补了许多历史建筑在文字上的缺失,也丰富了历史建筑的手绘图例。这些主要缘于高兰亭在研习"工程销算"时的认真态度。当时,高兰亭发现,前代建筑虽然恢宏,但资料保留甚少,而且工匠的手艺往往随门户传承,一旦门户失传,技艺则从此灭绝,这给后人在维修、管理等方面带来巨大的困难。因此,高兰亭自己在做工程销算时,就非常重视档案积累,记载也极为详细,比如,院子里哪里有栏杆、栏杆的质地表现等,都分项记录在案。

这次举办"西交民巷地区历史文化展",不但使算房高家尘封已久的档案浮出了水面,还让多年失去联系的算房高家晚辈与研究算房高家档案的学者们聚在了一起,大家兴奋的心情溢于言表。

目前,关于算房高家档案的研究已有《清代晚期算房高家档案述略》《从清代晚期算房高家档案看皇家档案》等文章或论文陆续发表,相信将来随着人们对算房高家档案的发掘、整理、利用,会有更多的研究成果不断呈现。

可园轶事

南锣鼓巷街区至今仍完整保存着元代胡同院落的肌理，是北京最古老的街区之一。优越的地理位置使这一区域的繁荣景象经久不衰。

一、帽儿胡同里的可园

帽儿胡同，位于南锣鼓巷西侧。东起南锣鼓巷，西止地安门外大街，全长五百八十五米。明代，帽儿胡同称"梓潼庙文昌宫"，清代属镶黄旗，称帽儿胡同。《万历沈志》记载："梓潼帝君庙在靖恭坊，有敕建碑。原胡同内有文昌庙、斗母宫、显佑宫。"而有记载的远不止这些，例如：末代皇后婉容的娘家在35号、37号；13号院曾是北洋军阀冯国璋的住宅；45号院原是清代提督衙门……

在帽儿胡同的9号、11号门前立着一块名为"可园"的刻石，记载为"清代光绪年间大学士文煜的私家园林"，是北京市文物保护单位。当我们来到其东侧的5号院，门前只有一块"清朝四合院，2001年被定为北京市文物保护单位"的石刻，没有太多的介绍。

经查，帽儿胡同5号在1965年以前的老门牌是3号。据《东华图志》介绍，此宅为清末大学士文煜宅院的东部，保存完好。

二、探究可园

来到帽儿胡同5号院门前,大门迎面有照壁;大门的屋脊为清水脊,脊饰有花盘子,屋顶为合瓦,前檐装饰有雀替,有四枚梅花形门簪,门下有抱鼓石门墩一对。走进这座广亮大门,迎面有影壁。影壁左右两侧各有四扇屏门。大门东侧有房两间,西侧有倒座房五间。一进院北侧有一座小门楼形式的二道门,门墩为青白石雕刻的石狮子,门前有五级

可园西侧大门

可园（一）

台阶。

进入二进院，有过厅三间，过厅前后出廊。此院有东、西厢房各三间，均是前出廊。过厅两侧有顺山房各五间。过厅后檐有高凸的甬道与第三进院前的垂花门台基相连。

走进第三进院的垂花门，两侧连接着抄手游廊，游廊墙面上开辟了各种形式的什锦窗。此院内有正房三间，前后出廊。正房两侧还有耳房，东、西厢房各三间，前面出廊，与抄手游廊一起形成院内的循环状。进入四进院有后罩房七间。这样布局完整的四进院落，在北京已经为数不多了！

据记载，张勋复辟失败后，冯国璋以副总统代总统，抵京就职。任代理总统期间，从大学士文煜后人手中买下了此宅院以及此宅院以西的大片院落，这座宅院便拥有了短暂的成为总统府第的经历。此宅院以西，就是我们之前所提到的清末大学士文煜的"可园"。

"可园"主要参仿苏州的拙政园和狮子林而建，南北长不过一百米，东西宽不过三十米，却诸景咸备，曲折幽静，在极狭长的天地中，极尽湖山亭台之美。

根据文煜侄子、兵部尚书志和撰写的造园碑文得知"可园"始建于清咸丰十年（1860年），碑文中对文煜造园的旨趣做了概括："慨然谋林泉之乐，此可园之所由创也。叔父曰：凫渚鹤洲以小为贵，云巢花坞惟曲斯幽，若杜佑之樊川别墅，宏景之华阳山居，非敢所望，但可供游钓、备栖迟足矣。命名曰'可'，亦窃比卫大夫'苟合苟完'之意云尔。"又称该园"拓地十方，筑室百堵，疏泉成沼，垒石为山，凡一花一木之栽培，一亭一榭之位置，皆着意经营，非复寻常"。

三、大学士文煜及其身后事

文煜为什么这么有钱，居然能在这寸土寸金之地营造园林？经查："文煜，字星岩，费莫氏，满洲正蓝旗人。由官学生授太常寺库使，累迁刑部郎中。历任直隶霸昌道、四川按察使。咸丰三年（1853年），迁江宁布政使。太平军攻占江宁后，钦差大臣琦善在扬州外设立江北大营。咸丰四年（1854年），琦善在扬州病死，文煜奉命接

办琦善所部练勇及江北粮台事务。咸丰七年（1857年），任江苏布政使，办理江南大营粮台。历任直隶布政使、山东巡抚、直隶总督。光绪三年（1877年），入觐，留京供职，历任内大臣，镶白旗汉军都统、左都御史，刑部尚书。光绪七年（1881年），授协办大学士。光绪九年（1883年），充总管内务府大臣。光绪十年（1884年），拜武英殿大学士，以病乞罢。不久，卒，赠太子少保，谥文达。"有了这样的身世，住在这里并在这里营造园林也就不足为奇了！

文煜死后，其子志颜，任理藩院侍郎。清朝覆灭后，志颜一家人生活拮据，1917年此宅被其后人售予了当时的民国代总统冯国璋。冯国璋死后，其家属和亲戚继续在此居住。

四、走进可园

可园分为前后两座院落。第一进院的大门位于院落东南隅，大门西侧有倒座房五间，前出廊。入门后先要路过一座假山作为东侧的通道，假山南侧有一条小径，走到尽头向北折有一座山洞，山洞上有一块"通幽"二字的石刻。通过山洞有两条鹅卵石甬路，分别通向北房及东廊的敞轩。过一座小石拱桥右行可至院内前部正中垒筑的另一座假山，假山上有一座六角亭，建造非常精致。假山北侧有呈"U"字形的曲折水池，水池北侧正中为花厅五间，前后出廊，构架上满绘苏式彩画，花厅与两侧的抄手游廊相连。院子东侧为爬山廊子，南半段中部建有一座方形亭子，坐东朝西。廊子北半段中部再连接一座敞轩。园

可园（二）

林中点缀有太湖石、日晷、刻石等，显得非常惬意。"可园"的园名以及志和书写的碑文园记，镶嵌在一组观赏石的石座下，真是点题之作！

二进院北侧正中有三间带耳房的花厅，整个院落有抄手游廊与正房相连。东侧的廊子为爬山廊，中部建有一座敞轩，筑于堆砌的太湖石之上，为全园的制高点。敞轩南、北、西三面出廊，廊间建有美人靠护栏。敞轩下面的山石堆砌成浅壑，下雨积水后可以形成水池，如果没有积水便形成山壑。

可园的建筑墙面主要以砖墙为主，抹刷白粉，厅榭均为红色圆柱，廊子为绿色梅花方柱，梁枋上均有彩画，建筑檐下的倒挂楣子均为各不相同的木雕，题材有松、竹、梅、兰、荷花、葫芦等。院内还保存有多株古树。倘徉在园林间，你会感觉到，这座园林存在着明显

可园（三）

第一辑　俯仰今古

的中轴线，布局却不呆板。前园疏朗，后园幽曲，建筑物小巧多姿，有凉亭、水榭、暖阁、假山、走廊、拱桥、清池、怪石、花木、翠竹，布置精巧，错落有致。可见园主人将其命名为"可园"，其意定是"极可人意"！真不愧为清末北京私家园林的代表作。

五、可园里的名人逸事

既然可园如此美丽怡人，曾经在这里居住过的人一定也不简单。且不说清末大学士文煜和民国代理总统冯国璋。冯国璋死后，他的家人将今帽儿胡同13号（老门牌7号）出租给了朱文钧。而朱文钧正是后来被誉为我国"文物界国宝"的朱家溍之父。据朱家溍回忆，1922年至1929年他在这里度过了他的童年和少年时光。

朱家溍是宋代理学家朱熹的第二十五世孙，当代著名学者、考古专家、清史专家、戏曲研究专家。其父朱文钧早年留学英伦，是故宫博物院的创始人之一；而他本人，则在文物收藏与鉴定方面的造诣堪与张伯驹比肩。

说起张伯驹，恰巧他也在1949年前租住在这里。

张伯驹，本名家骐，字丛碧，别号春游主人、好好先生等，籍贯河南项城，其养父是清末直隶总督及河南都督张镇芳，表叔为袁世凯，因此他被喻为"民国四公子"之一。张伯驹曾任故宫博物院专门委员、北平市美术分会理事长等职。1948年的档案记载显示他是华北学院教授。1949年后，他成为我国著名的收藏家、书画家、诗词学家

可园（四）

和京剧研究家。

　　1950年7月，可园另作他用。尽管如此，可园的风韵依然存在，人们翘首以盼"可园"能够恢复它的原始风貌，让这一历史文化遗存重新焕发出它应有的风姿。

走访哲匠世家

对于北京的传统文化,我特别感兴趣,一有空儿就去胡同里走走。我以为,古都北京是由胡同来表现城市肌理的,胡同不仅历史悠久,而且内涵深邃,走在胡同里犹如游览一座座立体博物馆,细细品味总会得到一些启迪。

在一个冬日的下午,天半阴着,我来到东城魏家胡同。原本以为它会跟魏姓有关,查了资料才知道,它形成于元、明时期的军事编制单位"卫"。明初,因其卫署设于此,故名为"金吾左卫胡同",简称"卫胡同"。清代不明其故,遂讹作"魏家",《乾隆京城全图》即标明此胡同为"魏家胡同"。

然而,这条胡同最吸引我的是路南那座挂有区级文物保护单位牌子的18号旧宅院。据《北京传统文化便览》介绍,"这座旧宅院名为'马辉堂花园',是清末营造家马辉堂宅院的花园部分……该园山水错落,布局精巧,花木扶疏,富有生气,驰名一时"。在《北京东城文物建筑》中记载,马辉堂花园建于清末,占地七千六百九十平方米。

2002年冬天,经朋友白皓引荐,我拜会了马辉堂家孙、著名古建专家、年过八旬的离休高级工程师马旭初老先生。一进门,一幅由故宫博物院专家单士元先生题写的匾额"哲匠世家"映入眼帘,不禁让我对这里的主人肃然起敬。聆听着马老对往事的娓娓而谈,我惊叹不

家世匠哲

单士元先生题字

已。坦白地说,对于马老的谈话内容,我没有太多的心理准备,其涉及面之广,内容之丰富,已远远超过了我的估计和想象。

说起明代营造北京皇城的四大建筑工匠,人们都知道有蒯祥、阮安、梁九和马天禄,而马天禄正是马旭初的祖上。这个营造世家传至马旭初这辈儿已是第十四代。我们现在所能见到的故宫、颐和园、天坛、承德避暑山庄、圆明园、慈禧陵以及光绪陵等,都是经马家的兴隆木厂参与建造的。明清时期,现西四地质博物馆和自来水公司一带就是曾蜚声一时的马家兴隆木厂。

到了马辉堂这辈儿正赶上清末,社会动荡,到处兵荒马乱,马辉堂将家眷、家私由西城的卫儿胡同迁至东城的魏家胡同,用积攒下来的钱银购下了整条胡同的所有宅地,并开始在胡同中大兴土木,营造宅院及私家园林。说到马辉堂花园,马旭初老先生显得有些兴奋,昔日印象仿佛历历在目:"我家老门牌是44号,现在的大门是我家原来的车门,迎门的那棵楸树,据说比故宫里乾隆花园的那棵还老。先从西边说,车门西边的三套房及院子没有出土细(不是磨砖对缝),是家里的马号和男佣、花匠等人的宿舍。一进广亮门(现已改建为

马旭初先生

房），迎面的不是影壁，而是一串锁链石。锁链石后面是园林中最大的一座假山，这样既避逾制之嫌，又巧妙地使石和山起到了影壁的作用，让人一进门顿感别有洞天。假山上湖石林立，曲径通幽。山后是筒瓦歇山顶的大台球房。"

接着马旭初先生又向我描绘了记忆中园林中的四合院："马号东南是小花园，由回廊分割，东边是大花园（最大的假山部分），大花园东边是由月亮门而入的两个四合院。这两个建在园林之中的四

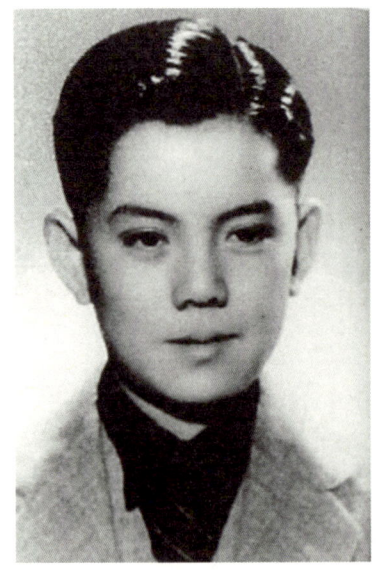

少年马旭初

合院,质量和规格可以说是当时北京城民居四合院里最好的了。北京有句古话叫作'有钱不住东南房',而这两个相通的四合院将中间的那组配房共用,既是西院的东配房,又是东院的西配房。南房后面是回廊,前面是花园,依然是坐北朝南,其构思之巧妙,可见一斑。而在所有的屋顶上,均不建清水脊,让人一看就知不是官家,而是纯商人用房。四合院的北边是佛堂,四合院东边穿过回廊,就到了像南城会馆里一样的两卷式戏楼。现在的18号旁门,即是原戏楼的小门,不过戏楼现已拆除,一开始建了个红砖礼堂,后又在原址建了三排平房。"

而对于整个花园的房间布局,马先生是这样描述的:"园林中大台球房西南有一座三卷勾连搭的大房子,为爷爷的正宅,它的东南有一座积土而成的小山,山上布满了形态各异的湖石。在爷爷正宅的东侧由回廊连接着高大的两卷勾连搭大客厅。大客厅西南有一个井亭,井亭东侧是鱼池,鱼池的东南为南书房,书房内供奉着孔子和鲁班的造像。"

最后,马先生用精妙的建筑语言评价了整个花园:"在园林中共

马辉堂花园月亮门

有3处花洞，假山、月牙河、水池共有五组，以不同形式遍布全园。各部分的房屋和景致由回廊联结分割，整体布局自然和谐，妙趣横生，耐人寻味，既有北方建筑艺术的气派，又有南方造园艺术的精巧。"

说起那个年少时居住的魏家胡同，马旭初老先生回忆道："东口路北连着三个大宅院，当时分别是我大姑、二姑、三姑的陪嫁宅邸。正对着路南园林正门的是马家的家庙，胡同内其余的宅邸大多是用来出租的。这时期，整个魏家胡同实际上已变成了'马家胡同'。"

马辉堂花园住宅

说到对祖父马辉堂的印象,马旭初老先生更是记忆深刻:"我爷爷身材魁梧,双耳贴壁,既威严又亲切,平时总是布衣、布鞋、布袜。小时候曾经见过祖父留辫子的照片,但打记事起,见着他就是一副光头的形象了。尽管家业很大,爷爷仍保持着一副建筑业的好手艺。小时候,他对我们的教育是潜移默化的,比如,我们说不好吃的饭菜,他首先吃。他鼓励孩子们应自食其力,常说的一句话就是'好男不吃分家饭,好女不穿嫁妆衣'。给我印象最深的一件事是爷爷带着我们来到大栅栏一带自家开办的店铺里察看,掌柜的给了我一块儿

马辉堂花园敞轩

糖,爷爷立刻从自己的衣袋里拿出钱放在柜上,并告诫我们,不准在柜上拿东西,这是规矩。而在我印象中,马家最大的规矩就是'禁赌'。爷爷虽然没有学历,但却把所有的儿女都送出去留洋。爷爷为人慷慨大度,从不算计别人。记得在他的二十四个把兄弟中,就有白云观的道长和潭柘寺、戒台寺、法源寺的方丈,这些寺院中的建筑一旦出现损坏,马家都会进行无偿的修缮。民国初期,灾荒连年,民不聊生。爷爷将现在位于宽街中医医院的原没落的公主府购下,开办粥厂,供难民吃住。因此,祖父去世时,在送殡的场面中,不仅有达官

显贵，也有许多平民百姓……"

说到祖父那一辈的兴衰往事，马先生更是印象深刻："由于祖父讲究信誉，为人实在，他掌管的兴隆木厂不仅历史悠久，而且每次承包的工程都是质量上乘，因此，在一些大项目的招标中总是屡屡得手。清光绪十六年（1890年），一把大火将天坛祈年殿化为灰烬，重修天坛祈年殿的工程就由马家的兴隆木厂来完成，就连修建慈禧陵和光绪陵这样的重任也毫无例外地落在了马家的兴隆木厂肩上。为此，户部拨给兴隆木厂银子。但此时，清廷国库空虚，光绪帝驾崩后，由于财力短缺，只得将光绪帝在福安寺停灵三年后才入葬。尽管如此，修建光绪陵时仍欠银二十万两。随着清廷的覆灭，那欠马家兴隆木厂的二十万两银子就石沉大海了。"

不过，马家并没有被清廷所欠的银两击倒，从国外留学回来的父亲马曾祺很快就子承父业，建起了恒茂木厂。由于马曾祺是兴隆木厂掌门人的传人，恒茂木厂的生意自然不错，比如我们现在还能见到的市、区级文物保护单位，如吉兆胡同的老段府（段祺瑞宅）、双合盛啤酒厂创始人郝品卿宅（西交民巷）、时任河北省政府顾问的陈觉生宅（东总布胡同）等一批高官富商的府邸都出于恒茂木厂之手。不过，为适应时代的发展，接受过西方文化洗礼的马曾祺，在大木厂生意红火的基础上，又搞起了多种经营，使马家由大木建筑商逐步转型为名副其实的资本家。

仲冬，阴沉天气里的魏家胡同显得幽静了许多。当我步入18号旧宅院，院里一位热心的王大妈问明我的来意后，热情地为我带路，指点着告诉我她所知道的情况："这个院子起先特别大，现在

马辉堂花园建筑

虽然有四十多户人家住在这里,仍然有很多空地,据说,这些空地原来是花园和月牙河。院子里的古建筑这么好,是因为这个园林的用料与建故宫时用的是同样的料。最早院子里的长廊很多,连着每一座房子,下雨天在院里走不会被淋湿,现在大多数都拆了,没拆的也都变成了房子。东院的那片花砖地,据说是院主人用建颐和园的剩料铺成的露天舞厅,你看跟颐和园里的一样。井亭东边原有一个大鱼池,如果现在挖一挖,还能挖出原来的地基……"在王大妈的指引下,我在园子里走了一圈,她又略显忧郁地问我:"眼前我们这里已经成了大杂院,估计要恢复这园林的本来面目,难度太大

了。将来我们这里会被拆迁吗?"这句话问得我心中有说不出的苦涩,我无言以对。

这时,天上飘下了漫天飞雪,漫步在马辉堂花园中,原本的惬意感早已消失得无影无踪。望着门口那棵肌理粗糙的楸树,它似乎在向我诉说着这里的兴衰……

我听说有人正在用画笔复原着魏家胡同的这些宅院和园林,让我心中荡起一丝欣慰,又听说,北京市启动"微循环"工程,以保护并逐步恢复古都风貌。在这漫天的飞雪中,我似乎又看到了希望。

第二辑

文化新风

寻找未名社

20世纪20年代中叶,鲁迅先生与几个无名的年轻人融洽地在一个名叫"未名社"的小社团里合作着。到了上海许多年后,鲁迅依然眷恋着那群年轻人。在这群年轻人的影响下,涌现了一个在中国文坛活跃大半个世纪的安徽省霍邱县作家群。后来,这些人在文学事业上都各有建树。

一、"未名社"的成立

未名社是1925年由鲁迅发起和领导的一个文学社团。圈子成员主要以安徽籍的青年学生为主。事情的起因是这样的:1924年7月,安徽霍邱籍青年李霁野翻译了俄国安德烈耶夫的《往星中》,很想向鲁迅先生请教,又怕冒昧。恰巧他的同乡同学张目寒是鲁迅先生在世界语专科学校的学生,便托张目寒把《往星中》译稿送到鲁迅先生手中,鲁迅先生很快便开始翻阅了。这一年初冬,张目寒领着李霁野去拜访鲁迅先生,没想到鲁迅先生接待他们宛若和蔼的朋友。此后,除了李霁野,他安徽霍邱籍的青年朋友韦素园、韦丛芜两兄弟以及台静农也陆续和鲁迅先生认识了。

1925年春天,由于书局老板对新人新作不感兴趣,李霁野翻译的

《往星中》出版遇到困难。他们再次找到鲁迅先生求助，鲁迅先生告诉他们，日本有个由大学生自行经营的丸善书店，起初规模很小，慢慢就发展起来了。接着鲁迅先生建议："我们自己也可以弄一个出版社，只印自己的作品。"这个提议得到了这些年轻人的响应。鲁迅先生接着建议，位于北京大学第一院东侧的北新书局已经出版了几种《未名丛刊》，可将《未名丛刊》改由自己新成立的出版社来印制发行，并依据这个丛刊的名字给这个即将诞生的出版社起名为"未名社"。大家商议后决定，先集齐能出版四次半月刊和一本书籍的资本，由鲁迅先生出资二百余元，年轻人每人出资五十元，作为"公积金"，用自己的钱，印自己的书。从写文章到跑印刷厂，事无巨细，所有人亲自动手。

关于"未名社"的创办，鲁迅在《忆韦素园君》里有一段具体的回忆："那时我正在编印两种小丛书，一种是《乌合丛书》，专收创作，一种是《未名丛刊》，专收翻译，都由北新书局出版。出版者和读者不喜欢的翻译书，那时和现在也并不两样，所以《未名丛刊》是特别冷落的。恰巧，素园他们愿意介绍外国文学到中国来，便和李小峰商量，要将《未名丛刊》移出，由几个同人自办。小峰一口答应了，于是这一种丛刊便和北新书局脱离。稿子是我们自己的，另筹一笔印费，就算开始。因这丛书的名目，连社名也就叫了'未名'——但并非'没有名目'的意思，是'还没有名目'的意思，恰如孩子的'还未成丁'似的。"

经过筹备，在1925年8月，"未名社"悄然诞生了，社址就设在北京大学第一院对面的沙滩新开路胡同5号（老门牌），那里有一间韦素园租住的小房屋，人们把这里戏称为"破寨"。

当年北大一院对面的新开路而今称沙滩南街

二、"未名社"的作为

未名社的六名成员,除鲁迅和曹靖华外,韦素园、台静农、李霁野、韦丛芜都是安徽霍邱人。当时,李霁野二十一岁,韦素园和台静农二十三岁,韦丛芜二十岁,曹靖华十八岁,几乎都是同龄人。这几位小青年围绕在鲁迅身边,不事声张、埋头苦干。起初,只是为了生存,后来,他们在精神和物质上都有了依托。鲁迅先生曾评价未名社"是一个实地劳作,不尚叫嚣的小团体"。

未名社开张的第一项工作是印制翻译、介绍外国文学的《未名丛刊》。因为大家希望尽快收回印费，所以首选第一本书是鲁迅所译的《出了象牙之塔》。此书于1925年12月出版，一年多就卖完了。在鲁迅先生的倡议下，移出本钱去推新人新稿。接着，先后由鲁迅、韦素园任编辑，于1926年1月10日创办了《莽原》半月刊，主要发表杂文、散文等创作和评论，注重社会批评，此外还有苏联、日本文艺理论和作品的翻译等。

《莽原》封面

新创办的未名社逐渐引起了读者的注意。当时，鲁迅的书、托洛茨基的书、陀思妥耶夫斯基的书在市场上都很畅销，未名社社员著述的《未名新集》也有很多人购买。同时，杂志的撰稿人队伍又有周作人、戴望舒、高长虹、徐祖正、冯雪峰、许钦文、刘复、董秋芳、向培良、常惠、于赓虞等当时著名文人的陆续加入，不断扩大。看到未名社能有这样的成绩，鲁迅先生抚摩着未名社的新书，像是"见了自己婴孩似的喜悦"。

1926年8月，鲁迅因支持北京学生爱国运动，被北洋政府通缉，南下辗转于厦门、广州，并于1927年10月抵达上海。此时，曹靖华也去到苏联留学。韦素园、韦丛芜、台静农、李霁野这四名安徽同乡实际

成了未名社的骨干。

1926年冬天,未名社离开"破寨",迁到了北京大学二院对面的西老虎洞(后称"西老胡同")1号。不久,韦素园因积劳成疾患上了肺病,不得不去西山疗养院养病,出版社的业务主要靠李霁野和台静农来支撑。迫于压力,李霁野不得不于1927年秋天从燕京大学休学,一边在孔德学校教书,一边翻译托洛茨基的《文学与革命》。

1927年10月,鲁迅致信李霁野,觉得"莽原"二字"不甚有趣",提议改称"未名"。于是,《莽原》停刊,《未名》半月刊于1928年1月10日创刊,主要以译文为主,兼有创作。先后发表过曹靖华、韦素园、李霁野、韦丛芜、戴望舒等人的外国文学译文,李霁野、台静农等人创作的小说。鲁迅先生的演讲《现今新文学的概观》

从左至右:李霁野、韦素园、台静农

当年的西老胡同1号现状

也在此刊载。除此以外，鲁迅先生还有《灯下漫笔》《春末闲谈》《论"费厄泼赖"应该缓行》等文章，《奔月》《眉间尺》等历史小说，以及后来结集为《朝花夕拾》的一组回忆散文也在此发表。

未名社年轻社员的写作被收录在《未名新集》。他们发表的自由诗，打破了传统诗歌在形式方面的束缚，在内容与形式、语言与观念等方面均有独到之处。他们写的散文品种丰富，体式多彩，既有见情见性的美文，也有以思辨取胜的哲思小品，还有气度雍容、偏于学术之风的随笔。

鲁迅在1927年曾断言"现在在文艺方面用力的，仍只有创造、未名、沉钟三社"，可见未名社在当时影响之大。鲁迅说未名社这些辛苦的翻译者是"宁愿作为无名的泥土，来栽植奇花和乔木的人"。

《未名》封面

《朝花夕拾》封面

三、虚惊一场的未名社社员被捕案

1928年2月，李霁野译作托洛茨基的《文学与革命》由未名社出版。恰逢济南第一师范学院有几个学生组织了一个未名社书刊代销处，就寄去一包代为销售。没想到在邮政检查过程中被山东济南戒严司令部检查员查获，山东军阀张宗昌遂以"宣传赤化、鼓吹革命"予以扣留，根据邮寄地址"北京马神庙西老胡同1号未名社"向京师警察厅进行了通告。京师警察厅派侦缉队于1928年4月7日上午对未名社进行查抄，逮捕了李霁野、台静农、韦丛芜。

据李霁野回忆，三人在被捕解送的路上曾以闲谈的方式进行了串供。为了保护韦素园，佯称他已赴西湖养病；李霁野则化名为李建业。

侦缉队在未名社查抄出《文学与革命》两本、《文学周报》《关于鲁迅及其著作》《白茶》《坟》《勃洛克》《胜利的恋歌》《炉边》《悲多汶传》《清华周刊》各一本、《小约翰》三本、《未名》两百余本、《莽原》十一本、未名社橡皮图章一个、未名社寄信存根两本、发书存根两本、京内收款存根一本、发书账目一本、信件三封、字条数纸。

在讯问中李建业供认："前系燕大学生，现在西老胡同1号未名社内与台静农同居。民国十四五年（1925年、1926年）间，有前北大教授周树人，并韦崇武、韦素园、台静农，并我胞兄李霁野等，我们

联合组织未名社。系我们个人著作或翻译小说、书籍,出版后分售各处。凡有未名社刊物,多数在北京北新书局发行。我听说前两月间,有中一区警察令未名社呈报营业。彼时,我胞兄李霁野经理未名社事务,因我们欲将社务结束,且北京北新书局停业,我们本社刊物无处发行,欲往上海北新书局接洽,将未名社名义取消,所有该社刊物完全由北新书局发行。我胞兄致函上海,招我来京结束未名社事务。三星期前我来京后,我胞兄随赴上海。本年二月间,由上海寄来《文学与革命》五百余本,该项书籍系俄人特罗茨基①著,经李霁野、韦素园译出,均经李霁野将书寄售各处。其周树人系(民国)十五年(1926年)间赴上海,韦素园在西湖养病,并李霁野均未来京。我们未名社并无党派关系。"

据台静农供认:"系北大毕业生,现充中法大学讲师兼京师大学校国学馆编辑。"其余与李建业的供词相同。

据韦崇武又名韦丛芜供:"系燕大学生,在燕大迤西王怀庆之花园内寄居。"其余与李建业的供词相同。韦丛芜又说,因为自己患吐血病症,自(民国)十五年(1926年)夏季即在西山海甸等处调养,不常进城。时常有著作、诗歌、文艺投入未名社登载,至于该社营业事项自己不清楚。

于是警察在对这三人连续审讯时,这三人都矢口不移。无计可施的京师警察厅将笔录呈送给京师警察厅总监。于是再次提审李建业,李建业供称:"此未名社系北大教授周树人与伊胞兄李霁野等组

---

① 特罗茨基即托洛茨基。

织，发行自己著作及翻译小说等书，并无关于政治书籍。此《文学与革命》一书，系伊兄李霁野与韦素园翻译俄国旧文豪特罗斯基[①]之著作，内容系研究俄国革命前后文学之变迁，并非鼓吹革命之书，可请按读。"

在查阅被查抄的各种书籍时，警察厅认为除了《文学与革命》一书，均系小说、诗歌、文学之书。《文学与革命》一书，书名似不合其内容，与李建业所供尚属相符。

一周后，京师警察厅总监批复："韦崇武既有肺病甚重，应准保外就医。余应详细侦查。"韦崇武首先获释。

5月3日，中法大学致函京师警察厅，请求保释台静农和李建业。信中说："敝校服尔德学院预科教员台静农先生、孔德学校教员李建业先生，不知何故忽被侦缉队逮捕前去，近闻已送入贵厅拘禁。查台、李两教员在敝校服务，平日言行维谨，素为敝校所深悉，此次被捕实系误会，敝校兹愿出具保证，拟请贵厅准予开释，俾台、李两教员仍回敝校服务，以免旷课。务恳俯允释出，不胜感激之至。"

经过近五十天的拘禁和审讯，警察厅实在找不到证据证明这二人所做与政治有关，加之有中法大学的致函，警察厅只得将李霁野、台静农释放出来。当被释放出来时，他们方觉得在中国做事之难，精神自由并不那么容易，在黑暗中找一个生存的缝隙原来要有生命的代价。

李霁野、台静农开启了"西老胡同1号"的封条，他们决定未名社

---

① 特罗斯基即托洛茨基。

不仅要存在，而且还要发展。鲁迅先生同意他们的意见，遂于1928年间把《坟》的校改本和由他亲自审阅的韦素园译《黄花集》书稿寄到社里，以支持未名社的出版事业。

出狱之后，台静农创作了《建塔者》。全书的主题选择和风格呈现，很大程度上也与他们这次的被捕经历有直接的关系，作品中呼之欲出的激愤、抗争的情绪是源自他本人内心的真切体会。

四、未名社的解体

1928年10月，未名社又移至北京景山东街40号开设了一个门脸，作为未名社出版部的"售书处"。三间房屋里都摆放了桌椅，俨然一个小型阅览室，使欲购书者可以稳稳坐下来先读后买。因为经营得当，当时未名社大有"门庭若市"的气象。朱自清先生曾亲自来到这里为清华大学图书馆购书，一次就是几十本。售书处成立不到一年，未名社出书十多种。可以说，正是售书处营业的渐入佳境，迎来了未名社的鼎盛之期。1929年5月鲁迅先生回北京省亲，看到亲手开创的事业不断发展很是高兴，百忙之中曾三次来到未名社，每一次都谈至很晚。而此时，韦素园因长期操劳，患上了肺病，不得已到西山养病；鲁迅先生很难过，还到西山去探望他。自韦素园病重后，未名社逐渐转入困境。

实际上，自从韦丛芜在1927年初患了肺病，开始吐血，就和哥哥韦素园一同住在西山疗养院，其作品也日趋暗淡。由于经费紧缺，韦

当年的景山东街现状

丛芜从1929年开始不断向未名社借款。也由于经济原因，李霁野与韦丛芜的矛盾越来越大。1930年9月，李霁野经朋友介绍，到天津河北女子师范学院教书，脱离了未名社。到了1931年初，未名社已经亏空，欠鲁迅三千余元，曹靖华一千余元，李霁野八百余元。

1931年春，因经济困难和思想分歧，未名社有结束之议，鲁迅在1931年5月声明退出未名社。此时韦素园仍在养病，李霁野、曹靖华和鲁迅仍有联系。台静农与鲁迅多有信函往来，联系更为密切。1932年鲁迅回京探亲，做了五次公开讲演，并开了两次座谈会，都有台静农陪伴其左右。

1932年8月，韦素园病逝，鲁迅先生哀叹道："一九三二年八月一日晨五时半，素园终于病殁在北平同仁医院里了，一切计画，一切希望，也同归于尽。"

1933年春，未名社在京、沪报纸刊登启事宣布"将未名社及未名社出版部名义取消"。

鲁迅曾在《忆韦素园君》中这样评价未名社："未名社现在是几乎消灭了，那存在期，也并不长久……曾几何年，他们就都已烟消火灭，然而未名社的译作，在文苑里却至今没有枯死的。"

五、未名社的意义

从1925年夏至1932年夏，未名社只存活了七年，但影响却是很大的。未名社的办刊宗旨是："专以译介、出版外国文学作品为务，其中以介绍苏俄文学为重心。"在《未名社广告》中鲁迅便申明了这一点。其译介的目的就是要催促新事物和新社会的诞生，对旧事物和旧世界则给予批判与鞭笞。未名社的主要文学功绩，是翻译了众多的外国文学作品。在各种庞杂形式的译著里，显现的却是未名社成员高度一致的文化价值取向，以及现代文化的理性批判精神所形成的群体凝聚力。

未名社翻译文学的一个特点是"专"，集中翻译了大量的苏俄文学。在当时看来，未名社几乎成为一个以翻译苏俄文学为主的文学社团。未名社翻译文学的另一个特点是"杂"，翻译的文学体裁和作家国别繁多。翻译的作品有长篇小说、短篇小说、诗歌、戏剧、童话、理论、散文诗等，涵盖美国、英国、苏俄、法国、波兰、丹麦、荷兰、日本等国家。

未名社之所以选择苏俄文学为重点译介的对象，是因为19世纪的苏俄与中国乡土有很高的相似性，另外，19世纪的俄国批判现实主义文学，是世界文学史上极为辉煌的成就。未名社将苏俄文学译介到当时的中国来，不仅为诞生不久的中国新文学提供了作品，更为其提供了艺术技巧和范式。

历史沉浮，大浪淘沙，许许多多文学社团都已化作过眼云烟，而未名社至今仍被提起。从"未名"到"有名"，未名社的生命周期不算长，也不算短，它以丰硕的成果赢得了现代文学史上的一席之地，这不仅仅是因为它与鲁迅有关系，成为五四运动后期的重要文学社团，更重要的是，它作为一个文学现象，以及对于现代文学的影响，更值得人们去深思和探究。

百年欧美同学会

欧美同学会会址位于北京市东城区南河沿大街111号,从1913年成立至今,它已经走过了一百多个年头。

欧美同学会是中国历史上第一个由中国留学海外归国留学生自愿组成的群众团体,英文名为"Western Returned Scholars Association",简称"WRSA"。该会的宗旨是继承爱国主义的传统,团结留学欧美等国归国同学,广泛联系海外同学、亲友,修学、敦谊,相互切磋,共同为振兴中华、统一祖国的大业做出贡献。

一、创立伊始

辛亥革命后,一批批从西方留学归来的学生抱着"科学救国""教育救国""实业救国"的思想,纷纷聚拢在一起成立了不同形式的沙龙,探讨富国强民的策略。其中,欧洲同学俱乐部在北京借西城根愿学堂开展活动;同时,留学美洲等的归国留学生在天津设立了留美同学会。在顾维钧、梁敦彦、蔡元培、颜惠庆、王正廷、周诒春等人的共同谋划下,将京津两地的同学会合并,在北京创立欧美同学会。

为了给欧美同学会找一个正式的活动场所,他们曾尝试到东交民巷的国际俱乐部(西绅总会)进行活动,却遭到外国使团的拒绝,愤慨之余，他们在北京西交民巷路南的愿学馆租屋为会所，并于1913年10月18日召开成立大会。时任外交总长孙宝琦、教育总长汪大燮到会祝贺并发表了讲话。会议选举顾维钧为主任干事。第一批会员中除了欧美同学会的创办人，还有丁文江、乐达义、严复、辜鸿铭、周自齐、伍连德、荫昌等二百六十七人。欧美同学会最初"以讲学、言志、敦品、励行为宗旨"。无论是同学会的主持者还是会员都有自己的职业，他们业余组织或参与同学会的活动，服务于群体自身，也对外开展一些公益性活动。

1916年，欧美同学会迎来了幸运的转机。北洋政府颁发大总统令，决定将位于南河沿的石达子庙（又称普胜寺）拨给欧美同学会使用。而此时的石达子庙是一座喇嘛庙，归当时的蒙藏院管理。经过双方多次交涉，蒙藏院同意在欧美同学会先交出两千元大洋，以安置庙内喇嘛的情况下，才能交出寺庙。无奈，欧美同学会的会员们共同集资两千元，最终换取了这座寺庙作为永久会址。

该寺庙经欧美同学会接手时屋室破坏，所户皆空，又经会员募捐加以

1915年修订的会员录

欧美同学会会址

修葺,将寺庙建筑改造为会议厅、图书室、游艺室、餐室、浴室、招待所等服务设施。

1917年,大总统黎元洪为祝贺欧美同学会有了永久会址,特赠予匾额,上书"会友辅仁",又将欧美同学会的宗旨做了精练概括。

1919年1月,第一次世界大战的战胜国在巴黎召开"和平会议",中国作为战胜国之一派四名全权代表参加。中国代表团首席代表陆徵祥是欧美同学会的会长,其他三人,顾维钧、王正廷、施肇基也是欧美同学会的会员。中国代表在会上提出废除列强在华势力范围、撤退外国军队和归还租界等七项"希望",以及取消"二十一条"和收回在大战时被日本乘机夺取的德国在山东半岛的权益等要求。针对日本企图把山东划到自己的势力范围,顾维钧义正词严地提出:"中国的孔子有如西方的耶稣,中国不能失去山东,正如西方不能失去耶路撒冷。"

二、爱国行动

1919年4月5日,欧美同学会在清华大学召开年会,蔡元培参加了会议。面对巴黎和会的严重形势,学会决定立即致电陆徵祥,电文中说:"力争发言,勿为日人气馁,此间同人愿为后盾。"并向国内外发布《对时局宣言书》,其中有"第六条,打破列强在中国之势力范围及利益范围"。

4月30日,巴黎和会拒绝了中国的正当要求。5月3日,蔡元培获知北洋政府密令出席巴黎和会的中国代表在和约上签字的消息,迅速召集学生代表,告知了这一消息。欧美同学会于当日下午4时紧急召开会议,通过决议,要求巴黎和会四大国代表对中国问题予以公正待遇,并以欧美同学会的名义急电陆征祥,告诫其切勿在和约上签字。同时,欧美同学会还派出代表向英、美、法、德四国驻华公使递交请愿书。在国家危难之时,这些接受了新知识的欧美同学会会员与国家民族的命运息息相关。

五四运动爆发后不久,在上海成立了中华欧美同学总会,会长为蔡元培,孙中山到会讲话,并为总会题词:"指导国民"。

三、会所建设

随着欧美同学会在海内外的影响日益深远,主持会务工作的颜惠庆等人从1923年开始筹划进一步扩大会所面积,增加会所房屋。他们向会员募集资金,购买了邻近欧美同学会的民居,使会所再一次得到扩展。

扩充后的欧美同学会会所,请毕业于德国柏林工业大学建筑科的会员贝寿同教授设计,耗资四万余元,建成今天北京欧美同学会会所的规模。梁思成先生在《中国建筑史》中谈到清末及民国后之建筑时说:"至国人留学欧美,归国从事建筑业者,贝寿同实为之先驱,北京大陆银行为其所设计。欧美同学会则就石达子庙重修改造,保留东方建筑之美者也。"

1925年2月1日,举行了新会所落成典礼。欧美同学会新建房屋九十间,加上原有房屋,达到一百五十间房。会所内设有办公室、图书室、西餐厅、游艺室、浴室、理发室、网球场、宿舍和招待所等设施。会所在外观上保持中国传统样式,而门窗和内部建筑都是当时最新式的,体现了西学东渐的中西文化交流,具有民国初期典型的中西合璧建筑风格。

欧美同学会会所内的房子十分考究,四周的房子都可以串通,院内种植花木,会议厅可容纳两百人,当时在京的读书俱乐部、国际研究社、国际联盟同志会、中国地质学会、中国工程师会、中国矿冶学

在欧美同学会里的活动

会、中华医学会、中国科学社、中国经济学社、全国图书馆学会等，常年租借欧美同学会会所办公或在此举办报告会、座谈会、学术交流，也有很多会员、会友在这里举办婚宴喜庆活动。

四、践行宗旨

1925年"五卅"惨案爆发后，欧美同学会立刻发表宣言谴责这一暴行，并对上海各界的抗议活动发起后援。这些举措反映出留学人员

代表着进步的力量,对国家命运、民族生存的深切关注,也彰显了他们指导社会发展,解决重大社会问题的能力。

1937年,北平沦陷,欧美同学会的会所被日寇占用,欧美同学会便在马路对面租用了一间小屋作为事务所,会务由主任干事王锡炽(前协和医院院长)负责。而逃离北平的欧美同学会会员在马寅初、刘大钧等人的倡议下,在重庆恢复了活动。

抗日战争胜利后,欧美同学会的老会员叶景莘、章元善、陈岱孙等人立即出面与行政院敌伪财产接收委员会交涉,要求收回房产。1946年夏秋之际,顺利收回南河沿欧美同学会会所,会员陆续回到北平。

1947年2月9日,欧美同学会召开会员大会,修改了会章,选举胡适为理事长,张伯谨、凌其峻、陈福田、石志仁、王慕梁、梅贻琦、袁同礼、陈岱孙、陈荩民、常文熙、李书华、陈浦、何思源、汪申为理事,选举李麟玉、齐如山、温崇信、叶景莘、陆志韦为监事,并商讨了复兴欧美同学会的办法。4月4日召开了理事会,5月14日召开了监事会。这两次会议的召开标志着欧美同学会已经恢复办公。

在新修改的欧美同学会章程中将欧美同学会定名为"北平市欧美同学会",会址设在东华门南河沿25号(老门牌)。

五、留学归国

中华人民共和国成立后,祖国需要人才。欧美同学会响应国家号召,广泛联络海外学者回国参加建设。老学长们开始以同学的身份,

海外学子回祖国

给远在国外的学友写信联系。1950年前后，两千多名科学家回到了祖国的怀抱，他们中有后来成为中国科学泰斗的钱学森、钱三强、李四光、叶笃正、王淦昌、邓稼先、朱光亚等。

1950年6月1日，欧美同学会与全国政协文化俱乐部达成协议，将会所租予全国政协文化俱乐部使用，租期十年。

进入20世纪90年代，欧美同学会的会务工作重心逐渐由联谊和学术探讨向咨询和服务倾斜。1994年后，成立了MBA协会、商务人士委员会、酒店业专家委员会、集邮协会、企业家联谊会等分支机构。到1995年时，北京已有会员七千多人。

1998年初，欧美同学会与海外十七家留学人员组织共同启动"报国计划"，实施"科教兴国"项目。

欧美同学会是具有光荣传统的我国留学人员团体，成立一百年来，高举留学报国的爱国主义旗帜，遵循"修学、游艺、敦谊、励

行"的宗旨,坚持"团结立会、民主办会、依章治会、实干兴会"的办会方针,广泛团结和凝聚海内外留学人员,为国家强盛和民族振兴贡献力量。

第三辑

商贾集萃

京城美馔——便宜坊

据记载,北京便宜坊烤鸭店最初创办于明永乐十四年(1416年),到2016年时正好六百年了。可以说,便宜坊的发展见证了我国传统"烤鸭"技术日臻成熟的全过程。通过翻阅史料,发现其中更有许多的传奇故事耐人寻味。

一、便宜坊与焖炉烤鸭

今天的人们都知道,北京烤鸭有"焖炉"和"挂炉"之分。挂炉烤鸭是全聚德在清代同治年间的发明,在此之前,烤鸭技术一直采用的是焖炉工艺,而焖炉烤鸭的代表则非便宜坊莫属,追其历史则更为久远。

据考证,传统的焖食技术早在我国奴隶社会就已逐步发展成熟,到了封建社会,对于家禽的做法也大都采用焖制。无论是南北朝时期记载的"炙鸭",还是元代对"烧鸭子"的详尽描述,基本上都属于传统焖制工艺的一脉相承。

到了明代,明成祖朱棣迁都北京,南方一些从事烧鹅、烧鸡、烧鸭的厨役随之入京。在明代万历年间的《酌中志·饮食好尚纪略》中就有采用焖制手法进行烧鹅、烧鸡、烧鸭的记载,表明烧鹅、烧鸡、烧鸭这时已成为北京的风味。

"焖炉烤鸭"的炉灶，其实就是用砖砌成的地炉，大小约一立方米。在焖烤鸭子之前，先用高粱秆的炭火将炉膛的温度焖烤合适，然后将火灭掉，将鸭坯放在炉中的铁箅上，关上炉门，由炉内的炭火和烧热的炉壁对鸭子进行焖烤。这种不见明火的烤鸭技术，对于掌握炉火温度的人要求很高，温度过高，鸭子会被烤煳；温度过低，鸭子则不熟。据记载，在当时制作焖炉烤鸭最出名的店就是宣武门外米市胡同的便宜坊。

据史料记载，宣武门外米市胡同便宜坊的具体位置是在胡同中的

民国初年外国记者拍摄的米市胡同便宜坊

14号（老门牌）。据传，最初店主人是跟随永乐皇帝由南京迁都而来的南方人，于明永乐十四年（1416年）开办了一家宰杀活鸡、活鸭进行初加工并进行出售的小店，后来又增添了制作烧鸭、桶子鸡的项目。由于货色好，口味优，买卖日渐兴隆，来此购买烧鸭、桶子鸡的顾客多是官府大户和一些开饭庄、饭馆的人。日子一久知道的人越来越多，可人们并不知道它的铺号名称，由于其价格便宜，索性就俗称之为"便宜坊"，而后来人们则更喜欢它的雅称"便宜坊（biàn yí fáng）"。

由于便宜坊制作的烧鸭、桶子鸡名气越来越大，市面上的赞誉声也越来越多，旧时浙江桐乡的严缁生先生曾在《忆京都词》的注解中就提到："京都米市胡同便宜坊之桶子鸡与烧鸭并称，其鸡色白而味嫩，嚼之可无渣滓，不知其用何烹法……"

二、便宜坊的兴盛

清道光七年（1827年），便宜坊的老掌柜病故，他的儿子继续经营这家作坊，生意越做越红火，由于人手不够，他便叫来了隔壁馒头铺的一位从山东荣成县（现为荣成市）来的孙子久过来帮忙。当时孙子久也就十四五岁，聪明伶俐，为人老实，干活勤快，很快作坊内的活儿样样都能拿得起来，逐步掌握了店里的全部手艺，极受东家赏识。

数年之后，东家的独生子突然患了重病，久治不愈，便请来一位巫婆，巫婆对东家夫妇说："孩子的病是由于这里整天杀鸡宰鸭，老天报应所致。今后你们如不杀鸡宰鸭，你儿子的病就会好……"东家夫妇为了保住自己的"独苗"，只好一狠心将作坊让给了十分能干的孙子久。

孙子久接过作坊以后，又在山东荣成县招来了十几个学徒，自己带着他们，起五更睡半夜地忙活。尽管如此，产品还是供不应求。于是他又添加了灶房，扩大了营业，可顾客依然是络绎不绝。

到了清咸丰五年（1855年），便宜坊的生意常常使米市胡同人满为患。于是，便宜坊向坊间发出一则启事：本坊自明永乐十四年（1416年）开设至今，向无分铺。近因敝号人手不够，难为敷用，今各宝号愿意为合作者，尚乞垂赐一面洽商。若有假冒，当经禀都察院，行文五城都衙门，一体出示严禁。

启事贴出之后，上门商讨合作的商户很多。店掌柜就与他们商议，由便宜坊派人到各店传授技艺，以技术和字号参股联营。

三、被逼出来的"老"字

档案史料还记载，清咸丰八年（1858年），在石头胡同与李铁拐斜街的相接处也成立了一家便宜坊。又过了两年，在崇文门外花市大街又成立了一家便宜坊鸡鸭店，这家店铺的铺长及伙友都以山东荣成县的曲姓为主，对外声称得到了米市胡同便宜坊的真传。不久，西单出现了一个便宜坊盒子铺，在东单也出现了一家便宜坊。这样在北京

的市面上出现了多家便宜坊。

这些带"坊"字的鸡鸭店基本上都是由山东荣成县、福山县（现为烟台市福山区）人开办的。为了强调正宗，米市胡同的便宜坊在光绪末年，不得不特意在自家的店名前增加了一个"老"字。

庚子年（1900年）后，老便宜坊铺面的占地面积已达到五分四厘一毫，拥有带前廊的瓦房三间半，一般瓦房十四间半，带抱厦的瓦房三间半，再加上半间走廊，共计房屋二十二间，已经具备了相当的规模，其烤鸭和桶子鸡却依然保持着好货色、低价位的承诺，自然也留住了那些官宦大户、大饭庄、大饭铺等老主顾，生意日益兴隆。在《都门琐记》中就有"北京善填鸭，有至八九斤者，席中必以全鸭为主菜，著名为便宜坊"的记载。

四、便意坊的异军突起

据档案记载，清咸丰五年（1855年），在前门外井儿胡同成立了一家以"便宜坊"的谐音命名的"便意坊鸡鸭饭庄"，其大股东是山东荣成县的于氏和刘氏。据传，他们也曾找到过米市胡同的便宜坊寻求联营。

清光绪二十八年（1902年），前门外井儿胡同的那家便意坊鸡鸭饭庄又在不远的鲜鱼口胡同偏东口租用了一家沈姓的铺面房，虽然从外表上看这间铺面房体量并不大，可由于地处商业繁华区，所以生意兴旺。再后来，他们又请来了京城著名的烤鸭师傅梁德泰和汪保文，由于他们的技法娴熟，焖烤出来的鸭子酥嫩香甜，一时间成了京城餐饮业的一绝。

清光绪三十二年（1906年）以后，便意坊鸡鸭饭庄凭着自己的实力将井儿胡同8号（老门牌）的那家小门脸改为堆房（库房），对承租的鲜鱼口胡同7号（老门牌）铺面房进行了改造扩建。改造扩建后的店铺虽然占地面积还是一分五厘九毫，可是他们把以前的平房改造成了上下十六间的两层楼房，门脸前面还增加了一座罩棚，大大扩展了营业面积。

但多年后，饭庄继任者都不太热衷经营饭庄生意。此时，便意坊鸡鸭饭庄急需一位懂管理、会经营的人来支撑店里的生意。正在情急之下，有一位叫王少甫的人找到这两位股东，主动提出可以担当店里的铺掌，并自愿拿出自己的积蓄作为抵押。

档案记载，王少甫是北京人，早年曾上过三年私塾，年轻时在北京琉璃厂的松华斋当过学徒，后来又用自家的积蓄开设了一家绿香番菜馆。便意坊鸡鸭饭庄的这两位股东一看王少甫确有从商经历，同时又被他的诚心所打动，就决定让王少甫一试。经过一段时间的考验，王少甫果然使店里的生意越发红火。

从清朝中期至民国初年，正是米市胡同的老便宜坊兴盛时期，也是鲜鱼口便意坊以及其他鸡鸭店刚刚创业的时期。从军阀混战至抗日战争时期，米市胡同的老便宜坊走向了衰败，而以鲜鱼口便意坊为代表的烧鸡、烧鸭店却走上了繁荣之路。

五、便意坊、便宜坊的众生相

史料记载，到了1941年，已经五十五岁的便意坊鸡鸭饭庄铺掌王少甫联合两位大股东，将自己以前的抵押转为股份，三人共同出资一万三千一百四十九元从沈姓后代手中买下了鲜鱼口胡同7号（老门牌）这处铺面房的房产。自此，王少甫便每天住在店里，全身心地投入生意中去。

这时正值北平沦陷期间，百业凋敝，尤其是饮食业。日伪对米、面、油、肉、糖等实行统制，由于原料不足、人民生活贫困，顾客稀少。为了吸引客源，王少甫使出浑身解数保证便意坊的原料纯真，操作精细，售价低廉。不论在焖炉烤鸭的技术上，还是在桶子鸡、盒子菜的制作上，既有模仿，又有发展。

为了保证烤鸭质量，王少甫还设专人负责养鸭、填鸭。当时便意坊鸡鸭饭庄的鸭子主要有两处来源，一是从朝阳门、东直门一带鸡鸭房收买二三斤重的鸭子，自己经过短时间喂养，等鸭子长到四五斤时，进行填喂；另一来源，是一些去郊区农村收购鸡鸭的小贩送来的活鸡、活鸭。

这时候，以曲姓为主的崇文门外花市大街那家便宜坊，自1923年的一场大火重生之后一直发展迅猛，由于那时已经没有了老便宜坊，大伙儿都认准了这里就是老便宜坊的真传，甚至人们在判断一座烧鸭、烧鸡店是否正宗的时候，都把店里的伙计是否曾经到崇文门外花

朝阳门外护城河上放养的鸭子

市大街的便宜坊当过学徒看成一个标准。

除此之外,原来北平城的西单、新街口、地安门外、东四、石头胡同等地都开有"便宜坊",它们都曾风光一时,但最后都因为各种原因沉落在了历史中。

六、便宜坊的新生

档案史料记载,中华人民共和国成立前夕,便意坊鸡鸭饭庄的房屋面积又有了扩充。其中,从邻居正阳楼饭庄租赁了六间房屋,作为后厨的灶房,原有的店面及罩棚用于营业,店里的其他二十间房屋用于出租。

1949年后,便意坊鸡鸭饭庄虽然还是由王少甫任资东代表兼总经理,负责店里的一切事务,但劳资双方的精神面貌却发生了很大变化:店里的伙计们有了翻身做主的感觉,而资方却总在担心,这里将来还是不是自己的买卖。一时间由于管理松懈,出现了店内伙计在店里吃饭的账目和对外营业的账目混淆不清的状况。

此时,王少甫想扩大经营却被伙计们阻拦,伙计们想增加收入,资方却不同意。双方不和,最终引发了纠纷。伙计们将这些矛盾理直气壮地反映到政府的相关部门。政府的相关部门派出工作组到店里实地调查了解情况后,给出相应建议,就此平息了这场劳资风波。

1956年,便意坊鸡鸭饭庄参加了公私合营,从此在人民政府的扶植下,经营逐步得到了恢复和发展,迎来了欣欣向荣的新局面。

位于鲜鱼口胡同的便宜坊烤鸭店

改革开放后，为了使便宜坊更有效地形成拳头品牌，原崇文区商业部门决定将便意坊正式更名为"便宜坊"，并与崇文门外大街路东的"便宜坊"统称为"便宜坊烤鸭店"。

自恢复老字号以后，两家便宜坊均得到了很大发展。20世纪80年代至21世纪初，北京乃至全国经营焖炉烤鸭的餐馆仅有三家，即鲜鱼口便宜坊烤鸭店、崇文门便宜坊烤鸭店和东侧路的便宜坊烤鸭店（西号）。2002年6月6日，北京便宜坊烤鸭集团有限公司成立，营业更加兴旺，目前已拥有十三家直营店和二十五家特许加盟连锁店。而位于鲜鱼口的便宜坊，虽然受到地理条件的限制，但由于是传统建筑，门面及内部设施均是古典风格，也同样吸引着众多的中外新老顾客前往。

老字号"六必居"的前世今生

在北京前门外粮食店街,临街有一家店铺,历史悠久,闻名遐迩,这就是六必居酱园。六必居的故事已经念叨了很多年:"六必居"创建于明代,金字大匾为严嵩题字,六必居曾经是酒作坊……如今,笔者将史料记载与考据研究相结合,重新回顾六必居的前世今生。

一、探寻六必居历史之谜

(一)揭秘一:账本显示 六必居创建于清朝

六必居酱园坐落在前门外粮食店街3号,在1965年以前的老门牌是2号,占地面积两千一百三十四平方米,门面房为1994年重新翻建的传统木结构建筑。

1936年9月25日,六必居举办了建店五百周年纪念活动,并请位于石头胡同的大北日夜照相馆摄影留念,照片中共有员工二十四人。如果从1936年向前推五百年,正好为明正统元年(1436年)。

另有记载,六必居始于明景泰五年(1454年),至今也有五百多年的历史了。还有史料记载,六必居创建于明嘉靖九年(1530年)。

六必居同人合影,前排左四为贺永昌、前排右四为张夺标、前排右三为张攀曾

在清末的《竹枝词》中称:"黑菜包瓜名不衰,七珍八宝样多余。都人争说前门外,四百年来六必居。"但不管怎么说它肯定是京城中历史悠久并久负盛名的老字号之一。

无论是考据研究还是史料记载都说六必居的创办人是山西临汾人。的确,所谓"京商",很少有祖籍是北京的。山西临汾曾是唐尧古都,史称平阳,地处黄河中游,汾水之畔,民风淳朴,人杰地灵,是晋商的发源地之一,平阳帮也是晋商中的杰出代表。

关于"六必居"名字的来历,长期以来,说法不一。在清《燕京杂记》中记载:"六必居三字相传为严嵩书,端正秀劲……"还有传说,六必居最初是六个人合办的,他们托严嵩题匾,严嵩写了"六心居"三个字,写完后一想,六心岂能合作?于是提起笔来,在"心"

字上添了一撇,成为"六必居"。

1965年,邓拓来到六必居的支店,原来的六珍号,通过原六必居经理贺永昌借走了六必居的一些房契和账本,从这些材料中考据出六必居并非创建于明朝,而大约创建于清代康乾年间。由此可知,六必居的匾也不可能是严嵩写的。看来,两百多年前六必居的经营者很会研究顾客心理,他利用严嵩这个众人瞩目的人物,使六必居在历史上蒙上了浓厚的神秘色彩。

(二)揭秘二:木牌显示六必居前身是酒坊

六必居至今还保留着一块古木牌,上面书写着"六必"的说法:黍稻必齐,曲蘖必实,湛之必洁,陶瓷必良,火候必得,水泉必香。从字面上看这似乎与制酒有关,即在生产工艺上要做到:黄米、稻米用料必须备齐,酿制的曲必须备实,用水必须清澈,盛器必须优良,火候必须掌握适当,泉水必须醇香。莫非六必居最早是个酒坊?所谓"六必居"就是要让人们记住在酿酒过程中,要做到六个"必"吗?

翻开六必居保留的旧房契,最早的是清康熙十九年(1680年)的,但在房契中并未提及六必居。在清雍正六年(1728年)八月十五日立的家具账中却有"源升号"字样。打开第一页是清雍正六年(1728年)十月初八日,各项家具都有标价。从账本的记载来看,后来的六必居最早叫"源升号"。

现在,源升号博物馆位于北京前门粮食店街40号。据说是在山西临汾人赵存仁、赵存义、赵存礼兄弟开办"源升号酒坊"的遗址上建立起来的,这里是二锅头酿酒工艺的发源地。可见,六必居的前身有可能是酒坊,而成为酱园,则是后来的事。

可是当时北京前门外多苦水井,不宜酿酒,而且朝廷也规定,在宣武门、前门、崇文门外四十里内不准酿酒。查阅北京以往制酒的史料,也无源升号或六必居酿酒的记载。但六必居直到1949年后还延续着卖散酒的经营项目,它已成为六必居的招牌之一。

通过查询史料发现,当时六必居是从崇文门外天顺号等八家酒店中趸来酒,经过加工后制成"伏酒"和"蒸酒"再卖给顾客。为了提高酒的醇味,他们把趸来的酒放在老缸内封好,经过三伏天,等半年后再开缸,酒的口感非常醇厚。六必居将这种酒命名为"伏酒"。还有一种叫"蒸酒",味道也很醇香。伏酒和蒸酒的度数,可以达到六十九度,比市面上出售的白酒度数高,深受顾客的欢迎。随着六必居卖伏酒、蒸酒的名声越来越大,时间长了,就有人打着六必居的旗号卖酒。针对这种情况,六必居采取了卖酒"打票"的办法进行打假,即给买酒的顾客一张小票,上面注明这酒是某月某日某时售出的,以证明酒确实售自六必居,从而维护自己的声誉。

老酒壶

（三）揭秘三：房契演变印证入选宫廷御品

在清乾隆六年（1741年）的账本记载："乾隆六年十一月十三日计录六必居装修铺并盖酱厂房屋新添木料铜锡家伙并买牲口一应使账，共廿二项使银二十三两三钱九分五厘，钱四百六十二千九百三十七文，折合银二百七十七两七钱六分八厘。共作新家伙银七百零一两……"至此，才首次出现"六必居"的名字，并显示六必居要装修铺面房、盖酱房。由此可以得知，早在清乾隆六年（1741年）之前，六必居已经在此经营制酱了。

之后的房契显示，从清乾隆年间到道光年间，六必居的房子曾多次易手，而六必居的股东也多次易人。直到清道光二年（1822年）时，六必居的房东和股东才不再分开，变成了同一个人。

然而，好景不长，到了清道光六年（1826年）二月十五日，六必居的房产再次发生了变化，根据当时的房屋契约中记载可知六必居又将房产卖给了内务府正白旗的德源。这也印证了为什么六必居老员工

制酱的品种

 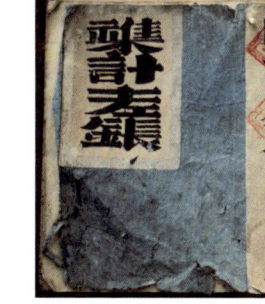

六必居根帐　　　　　　　清同治元年（1862年）的老账

说六必居产品曾被选作宫廷御品。原来这里有清宫内务府的内线啊！当时为方便六必居送货，宫廷还赐给六必居一顶红缨帽和一件黄马褂，这两件衣帽一直保存到1966年。

二、六必居的发展之路

1953年7月，位于粮食店14号的六必居支店六珍号合并于总店。原六珍号的经理贺永昌成为六必居的经理，所经营的油、醋、酱，兼粮食加工产量也达到了一个高峰，成为本行业中的首户。

到了1955年初，六必居实行公私合营时，所核定的占地面积是三亩二分九厘九毫，有大小瓷缸五百余口，分为两个车间进行生产，共生产五十四个品种，当时年产黄酱十二万斤，甜面酱两万斤，酱菜二十万斤，腌菜二十万斤，所生产的产品完全靠门市销售，不做批发。为了

满足市场的销售需要,曾于1956年和1958年在前门区进行过二次并厂改组,同时将工厂和门市部分开。由于人员设备增加,生产能力大大提高,六必居年产黄酱近二十九万斤,甜面酱十八万斤,年产酱腌菜为九十万斤。

1958年7月,前门区和原宣武区合并,为了集中生产便于统一管理,又将桂馨斋、瑞馨斋等厂合并给六必居,直至发展到生产工人一百四十七名,大小瓷缸一万多口。为了基本上保持住六必居的原有风味,特指定两个车间专为门市部生产高级酱菜。在当时副食品供应一度紧张的情况下,为了解决酱菜供求的紧张关系,六必居的干部职工,鼓足干劲,企业似乎又焕发出了新的活力。

但到了1960年12月,由于市场咸菜供应紧张,群众排队抢购酱菜,六必居因不堪重负而停业,直到1962年4月30日六必居才恢复开业。

而此时六必居由于原料问题和追求产量,原有的特味已丧失殆尽。市、区商业局紧急分析,认为造成原有特味丧失的主要原因是由于原料品种供应不全。如八宝菜的制作,因为没有酱杏仁、酱桃仁、酱花生仁等果料和龙须菜、银条、甘露等原料,只能用蔬菜代替。八宝瓜的制作,因为没有花生仁、杏仁、桃仁、瓜仁、青梅、栗子、青红丝等原料而无法生产。最主要的是蔬菜规格不适合酱菜的要求,影响质量较为严重。过去六必居蔬菜的原料都是从固定的三世五代农民种户中采购,农户以特殊的种子选择适当的土壤,所产出的产品完全包销给六必居。如:永外牌坊村种的香瓜"八道黑",安定门外黄寺的黄瓜"每斤六条",朝阳门外王子坟、永定门外石村的萝卜"二英子"等，这些菜蔬所制成的成品确实色味俱佳。而公私合营后，六必居的原料是统一采购，改变了六必居与这些农户长期保留的约定俗成的采购方式。

还有生产酱的原料，过去使用的是河北丰润县马驹桥的一号黄豆和好面粉，而当时给的却是二号黄豆和标准粉，有时还给三号粉和黑豆，严重影响了成品酱的质量。

针对上述情况，1962年原宣武区商业局为恢复六必居特味，向上级请示解决粮食、果料、蔬菜等原料问题，但已积重难返。

1986年，六必居在丰台区开发了一万多平方米的生产厂房和附属建筑，并从国外引进了成套自动化生产线，成为一个具有相当规模的现代食品企业，门市销售的酱菜已有六十个品种。六必居酱菜还制成了罐头和软包装，销往国内外。而当我们今天正在品味六必居产品的同时，又有了许多新的历史发现，例如："平阳六必居"的拓印模板和带有"京师六必居"字样的红钱盒，是否说明六必居曾有"平阳"说和"京师"说呢？再有，六必居在明嘉靖三十三年（1554年）的钱置子、六必居明朝的老酒壶又说明了什么呢？围绕六必居也许有说不完的故事。

实说丰泽园

中国的菜系实属20世纪才出现的新词,但在历史上却有"帮口"之说。所谓"帮",指的是饮食业从业者的地域性,即"行帮";所谓"口",是指地方口味,即地方风味特色。如"鲁帮菜""川帮菜"等。其中,山东的鲁菜不仅闻名胶东,而且曾轰动京师。早在明清时期,鲁菜就进入了皇宫御膳。据有关资料记载,当时北京的大饭馆以山东馆的历史最为悠久,而山东馆从事烹饪的有"两帮",一为"福山帮",一为"济南帮"。但不管是占据重要地位的"福山帮"还是居次席的"济南帮",都首推丰泽园饭庄。

据1984年张友鸾先生为《中国烹饪》撰写的文章介绍:"五六十年前,北京有名的大饭庄,什么堂、楼、居、春之类,从掌柜到伙计,十之七八是山东人,厨房里的大师傅,更是一片胶东口音。"这"一片胶东口音"如实地道出了"福山帮"在北京餐饮业中的重要地位。北京餐饮业有"八大楼""八大居"以及"十大堂"之说,这些楼、居、堂百分之八九十都是福山人经营的。

在《中国烹饪百科全书》中写道:"在北京的山东风味名餐馆有三十多家,但以丰泽园饭庄名气最大。该店建于1930年,几代名厨掌灶,所制菜品清鲜脆嫩,卓尔不凡,尤以清汤、奶汤菜冠名全市。"

一、横空出世的丰泽园

作家黎莹先生编著的长篇小说《栾蒲包与丰泽园》经过单田芳先生改编成新评书，已广为流传。该书以北京丰泽园饭庄的发展历史为背景，以该饭庄的创始人栾蒲包为中心人物，将一茬茬呼风唤雨的历史事件拉上了丰泽园的饭桌。最近随着电视剧《传奇大掌柜》的热播，老字号"丰泽园"再次红遍京城。

丰泽园饭店位于前门外珠市口西大街83号，是京城经营正宗山东风味久负盛名的老字号。它开业于1930年中秋节，最初是由北京虎坊桥大街上，号称北京"八大楼"之一的新丰楼的堂头儿栾学堂以及陈焕章等二十多位师傅，在同德银号经理姚泽生、西单商场经理雍胜远出资五千元（国民政府发行的纸币）扶植下开办的，当时的丰泽园领东掌柜是栾学堂。

煤市街67号（老门牌）是一座四进院建筑，原址是济南春饭店。据说在开业前，姚泽生召集股东们在中南海的"丰泽园"共议开张事宜，西单商场经理雍胜远邀书法家李琦参加。李琦提出就以"丰泽园"来命名该饭庄最为合适，"丰泽"二字象征菜肴丰饶、味道润泽之意。这个提议得到大家一致同意，随即由李琦书写了匾额。

然而，要在当时名店林立的煤市街开饭庄谈何容易？在这条街上早已有了泰丰楼、致美楼、百景楼、致美斋等闻名京城的饭馆、饭庄。而刚开张的丰泽园饭庄，定位就是要走高端路线，以服务上层人

士为主。因此,一开始就从餐厅的布置上煞费苦心。经过精心设计,院内的几十间房屋显得宽敞明亮,房间内半分壁墙上挂着不同时代的名人书画,每间客房都显得文雅大方、风格别致。如果同时开席,可以摆开五六十桌席面(每桌八人),可供四百多人同时就餐。

各房间的座椅依时令更换,冬绒夏藤;餐桌的台面四周镶嵌白银;台面上使用的是康熙、乾隆年间的彩花酒器,十分名贵;餐具是清一色的银器,显得十分高雅。一开业,丰泽园由原新丰楼的名厨,擅长济南菜的陈焕章、李正心、冯成礼、郑福祥等人掌勺,六位堂头儿(负责经营管理、店堂服务和宴会安排的人)中有五位是福山人。开业伊始的丰泽园将"福山帮"和"济南帮"的风味并举,将两大风味优势的人才集于一堂,这在当时由山东人经营的北京大饭馆中是独树一帜的。

丰泽园饭庄的菜肴选料纯正、精致,操作更是讲究,以火候合适、咸淡适度为特色标准,每个菜都做到色、香、味俱佳。肉菜有炖肘子、炒肉片、滑熘里脊、四喜丸子等拿手菜;海味菜有烧海参、酱汁活鱼、烩乌鱼蛋、酥炸鱼条等名菜,此外,像鸡茸银耳、油爆肚仁、红烧鱼翅、干烧鲫鱼等,也受到顾客的称赞。

正是由于丰泽园饭庄的豪华气派和名不虚传的菜肴佳品,不久就成了达官显贵、军界将领、艺苑文人、知名人士的好去处。各界名流、风云人物云集于此,更为丰泽园饭庄增光添彩,一度雄踞京城各大饭庄之首。后来,就连上海、天津、南京、开封等地也相继开起了丰泽园饭庄。

二、丰泽园的经营之道

当时在北京讲究吃山东风味的饭菜。山东风味的饭菜馆子，规模小的叫饭馆，大的叫饭庄。饭庄分两类，一类是只承接婚丧嫁娶等活动宴席的订单，包办酒席，不卖散座，这类饭庄，被称为"冷庄子"。另一类既包办酒席，也卖散座。丰泽园饭庄就属于后一类。

丰泽园饭庄之所以能在强手如林的山东风味饭馆和饭庄中得到发展，并且后来居上，一是由它得天独厚的地理环境所决定的，丰泽园的北面是繁华的大栅栏街区，西侧为娱乐区，南面是华北戏院、开明戏院和第一舞台，这一切都为丰泽园带来了源源不断的客流。二是由于丰泽园的伙计，特别是茶役，招待客人周到热情，客人在这里用餐心情舒畅。三是由于丰泽园的掌柜栾学堂善于结交各界朋友，栾学堂（字鲤庭，外号人称"栾蒲包"）是福山浒口村人。此人目不识丁，其貌不扬，但非常精明，善于经营，对鲁菜的烹调技术也可说是了如指掌。许多顾客最初都是通过朋友介绍来的，到丰泽园饭庄吃过两回饭，后来就成了常客。四是由于丰泽园饭庄是以经营正宗山东风味菜肴而久负盛名的，其饭菜做得确实地道、够味，所以丰泽园饭庄的知名度也就越来越高。

丰泽园充分发挥了自己将鲁菜两大风味菜的精华融为一体的优势，因而誉满京城，一时间成了北京最著名的鲁菜馆。各界名流纷至沓来，门庭若市。要人名流的光顾，更使丰泽园名声大噪，极大地提

高了自己的身价。

20世纪40年代初，丰泽园请来了名厨：原东兴楼胶东菜的师傅郭有忠、王明理、康文明等人。日本投降后，丰泽园饭庄为了做得更好，又从东兴楼、泰丰楼、同春楼、安福楼请进了一批福山籍的名厨高手，堂头儿增加到了八位。这些胶东菜的大师，个个身怀绝技，使丰泽园在济南菜具有雄厚实力的基础上，又大大加强了胶东菜的实力。

这时期丰泽园所烹制的菜肴，不但选料精细、操作严谨，而且注重刀法、讲究火候，擅长爆、炸、炒、扒、熘、蒸。菜一出来确保色彩明快，造型喜人；吃到嘴里味道纯正，口感舒适。尤其是烹用汤的调制堪称一绝，清汤、奶汤，是丰泽园制作许多菜品必用的辅料，调制出的清汤色清而鲜、奶汤色白而醇，故有"百鲜都在一口汤"之说。此外，他们还擅长烹制各种海鲜，从而使济南菜和胶东菜同出一炉、相得益彰。当时许多顾客慕名而来，只是为了能够品尝到正宗丰泽园的特有风味。

三、丰泽园的华丽转身

而到了1946年以后，丰泽园虽然依旧顾客盈门，可丰泽园股东会的股东们却因分红不均，而导致劳资矛盾加剧，直到闹得曾经一度停业。

中华人民共和国成立之初，丰泽园得到了政务院典礼局的支持。1950年9月，政务院招待参加国庆节的各民族代表，部分餐宴就是由丰

丰泽园老门脸

泽园饭庄来承担的。1952年，由国家出资，丰泽园与市商业局实行了公私合营，成为北京饭庄业实现公私合营的第一家，与此同时还扩大了营业面积。

1954年5月，北京市商业局将丰泽园移交给北京市旅店公司经营，所持的公股资金作为政府资金继续使用。随着生意进一步发展，丰泽园又请来了牟常勋、王世珍、孙茂丰、朱家德等名厨，这一时期的丰泽园以正宗的鲁菜及优质的服务，继续作为举行宴会活动的重要场所。

据档案资料显示，1949年以后，丰泽园已接待过五大洲九十多个国家和地区的宾客，同时，还出色地完成了应邀出国做技术表演的任务。

1966年后，丰泽园的老匾额"丰泽园饭庄"曾一度被摘下来，并先后被命名为"大众餐厅""春风饭庄"。直到1972年4月，才恢复了"丰泽园饭庄"的老字号。

改革开放后，恢复了老字号的丰泽园凭借着名厨荟萃，烹技高超的优势，开始发挥老师傅们传帮带的作用，使丰泽园不断涌现出新人。如由这些老师傅口传心授而成名的王义均、时广南后来成为国家特级厨师。1983年在人民大会堂举行的全国名厨烹饪大赛中，王义均凭着一道葱烧海参，获得了金奖，在中国餐饮界赢得了"海参王"的美誉。这时的丰泽园也逐渐恢复了活力，经营状况得到进一步好转。

四、从丰泽园饭庄到丰泽园饭店

为了进一步扩展营业范围，1987年开始筹备兴建丰泽园饭店。1991年，在拆除丰泽园饭庄原址的基础上开工扩建丰泽园饭店，从此，丰泽园饭庄从煤市街迁至珠市口西大街，并改名为"丰泽园饭店"。

1994年9月，丰泽园饭店正式开业了。新落成的丰泽园饭店，具有国际三星级的水准。饭店建筑总面积一万四千八百平方米，分地下两层、地上五层，共有客房九十九套，十八个大小不同、风格各异的餐厅、宴会厅，可同时接纳七百多位宾客用餐，成为珠市口西大街上体量最大的建筑之一，曾入选1994年北京"最具有民族风格的五十座新建筑"。

饭店开业后，除了经营清淡味浓、醇厚不腻的山东菜，还兼营北京烤鸭，由享有"全国十大名厨"之称的王义均担任技术总监、史连勇担任总厨师长。丰泽园饭店继承和发扬丰泽园饭庄的饮食文化传统，在保持原有风味的基础上相继推出一品官燕、通天鱼翅、葱烧海参、鸡汁鱼肚、清炖裙边、烩乌鱼蛋、糟香桂花鱼等名菜，更加注重清、香、鲜、嫩、脆的特点，以符合当代人的口味。而王义均拿手的"葱烧海参"更是成了丰泽园饭店的金牌菜。

西柳树井丰泽园，煤市街南口

五、丰泽园定位"海参王"

提起丰泽园饭店的厨师王义均，名气可是不小。他祖籍山东福山县，从十三四岁就进入丰泽园当学徒，练就了一身好本领。2000年，中国饮食服务业标准化技术委员会评定出五十五位德高望重、出类拔萃的厨师，王义均名列第一，被授予"中国烹饪大师"称号。2003年4月18日，丰泽园举办了一场寿宴，专门给王义均过了七十大寿。

丰泽园饭店刚开业时，全体员工在商讨后认为，做好餐饮首先需要突出金牌菜，而丰泽园的四五百种菜品当中，真正称得上看家菜的非王义均的葱烧海参莫属。王义均烹制的海参类菜肴确实堪称海内外一绝。尤其是葱烧海参，在"色"泽上呈红亮色；"香"味上葱香浓烈诱人；"味"道上咸鲜适口；造"型"上十分美观，成为海参菜品之首。在餐饮经营中，要把"海参王"作为中高档经营定位的核心，不断增加精品菜的数量，用海参菜带动其他高档菜品的销售。

就这样，由王义均担任技术总监，在总结海参菜品的基础上，对丰泽园海参菜品进行了标准化开发。在烹制技法上，继承鲁菜的传统手法，特别是葱烧海参，选用胶东半岛的刺参，所用大葱是山东章丘的葱王。由于丰泽园的海参菜选料精、配料准、工艺细，色、香、味、型都得到了顾客们的肯定。

丰泽园饭店内景

一晃八十多年过去了,丰泽园饭店以其悠久的历史、深厚的传统、精湛的技艺、周到的服务和优雅的环境而享誉海内外,成为我国四大菜系之一——鲁菜的著名代表。

火烧旺地——劝业场

廊房头条位于大栅栏北部,是呈东西走向的一条胡同。历史上,它不仅是北京最繁华的商业街之一,还是北京旅人最稠密的街巷。

旧时的这条街巷有"北京灯市"之称,如华美斋、文盛斋、秀珍斋等都是享誉京城的灯笼铺,越到夜间,这里越是灯火通明。到了近代,这里最红火的铺号有谦祥益老号、三阳金珠店、颐龄堂乐家老药铺、新华银行、撷英食堂、宝恒祥金珠首饰店、内联升靴鞋店以及同升照相馆等,都是北京出了名的铺号,而劝业场正位于这条胡同的中段路北,是这条街上体积最大、最有洋味儿的建筑。

这家北京劝业场是全国重点文物保护单位,论资历它要比久负盛名的天津劝业场还早上二十几年,自然也就背负着历史更为久远的人文记忆。

廊房头条老照片

一、遇火而立的劝业场

清光绪三十二年（1906年），清政府农工商部征用位于廊房头条的会元堂旧址，设立京师劝工陈列所，意在"劝人勉力，振兴实业，提倡国货"。

清光绪三十三年（1907年）新的建筑落成，从全国各省调运来当地的产品进行陈列。不料，这座刚刚初具规模的建筑，正要进行改进之时，因受到相邻铺户的大火殃及，所陈列的物品被毁过半。于是，农工商部将这座陈列所迁址到广安门内大街路北下斜街全浙会馆东侧，农工商部下属的工艺局西侧另建陈列所。同时，农工商部决定在位于廊房头条的原劝工陈列所旧址新建劝业场，用于国货产品的销售。

清光绪三十四年（1908年），为了建筑规模宏大的劝业场，在原劝工陈列所旧址的基础上，租用了相邻的两户吴姓和张姓、索姓、金姓、善姓共六家院落的地皮，谈妥条件，按月付租，扩大了面积。

由于款项到位，工程进展迅速，不久，劝业场大楼落成，其前门在廊房头条，后门在西河沿。由于地皮是租用六家大小不等的院落，所以这座建筑呈现南北走向长达八十米的不规则"细长条"形。在廊房头条向南开的门面大而开阔，而在西河沿朝北开的门脸则相对显得比较窄小。但无论如何，当时这座外观为三层的建筑毕竟是京城的首幢大型综合性商业建筑，在当时繁华的大栅栏街区可谓鹤立鸡群，蔚为壮观，被誉为"京城商业第一楼"。

至于这座劝业场的经营，则是本着农工商部与各商家合资经营的形式，也就是说这座劝业场实际上属于官商合办、由官方实际控制的商场。经过招租，劝业场进驻了一百四十多家铺户，这些铺户在劝业场每层设置的木阁子里经营，十七家木阁子由南至北为一行进行排列。在一楼设有男女厕所和锅炉房，在女厕所门前还专门设置了看守人，在二楼设立了公用的度量衡和警士室，楼下地窖子是管理处的办公用房。

劝业场集百货、餐饮、娱乐的铺户于一体，吃、穿、用俱全，类似"Mall"这种现代经营模式。因其建筑别致，体积庞大，一时间游人如织，热闹非凡，商户们生意兴隆，拉动了大栅栏地区的经济繁荣。

由于大栅栏一带戏园子很多，所以这一带的夜市非常繁华，劝业场晚上十点半才拉响振铃，将位于西河沿的后门上锁，各家商铺开始清理卫生，而后搬运铺板，封闭自家的铺面，这样忙乎一阵后，便已经很晚，所以商户铺长或学徒一般都在场内留宿。鉴于这种情况，铺户们便约定每天晚上轮流执宿，每宿派出四人，循环两班，持灯在场内各处巡逻。巡逻开始后，劝业场才算沉睡下来，用暂时的休养，来祈盼天明的生意。

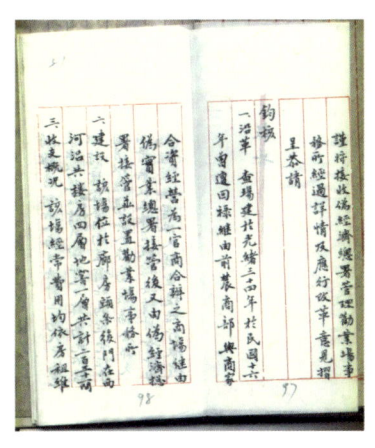

民国初年的劝业场沿革

二、浴火重生的劝业场

时光进入了民国时期,原来的农工商部这时已改称"农商部",不过它还是继续管理着劝业场。1917年3月,农商部派来了新任的葛姓场长,不足一个月又派来了一位孙姓司事。这两位到任后,即刻对劝业场进行了重新油饰。为了速干和减少用料,他们在油料中添加了火酒、松香等物质,这也为劝业场日后火灾埋下了隐患。

葛场长和孙司事对场内的商户非常严厉,所立的场规,商户们万不敢违抗,稍有违背,便会被停止营业。例如,有的商户为了招揽顾客,有时将所陈列的货品超越了自己摊位的木阁子,孙司事就会立即制止,由头是以保证场内的交通。而商户则认为,商场并非街道,更有商户为了增加浮摊,情愿多交地租,甚至有人向管理者暗交大洋,不留字据,商户们对此积怨很深。

后来,葛场长担心商户们串联、团结,取消了每夜商户轮流值班的自发管理。当时的建筑以木结构为主,极易发生火灾,而自葛场长到任以来却很少进行防火演练,不幸的事情终于发生了。

1918年4月13日(农历三月初三)晚上十点半左右,劝业场突然遭遇大火。有铺户用盆从位于场内玉楼春饭馆的水管中取水进行泼救,但不料火势愈加强烈,一时间,火焰冲腾,警察鸣笛声四起,场内铺户纷纷外逃。京师警察厅消防科和义善水会(斌记)迅速对火灾现场进行了扑救。在火灾中,劝业场内的五彩霞南绣庄伙计王锦堂被烧死，商铺的财货多数烬没。

对于火灾原因有多种传言，有的说是楼内的电气燃烧所致，也有人说是场内的铺号玉楼春厨房起火所致，还有人说是有人故意放火，更有人说是因为劝业场的葛场长与场内的各商家不和，有商家心生怨气纵火所致。

后来据调查发现，此次火灾始于场内的二层厕所附近。此处是劝业场闭场后堆放扫除后的垃圾纸屑的地方，其旁边则是各商户存放铺板之处。晚上各铺户的伙计们临睡前，一般都要如厕，有人就以如厕为名，暗自吸烟，尤其是那些店里的学徒。那日，正当他们三五成群集合一处嬉戏顽皮之时，误将烟头抛弃在了烂纸堆内，却无人察觉。起火之初正值刮西北风，火借风势甚为猛烈，再加上前一年整个劝业场进行油饰所用的油漆内添加了大量的松节油、煤油等速干物质，一遇到火患，便等于火上浇油，起到助燃作用。如此一来大火越烧越旺，不易扑灭，才酿成了如此惨剧。

1918年8月，重建劝业场的平面图和剖面图设计出来，呈报到督办京都市政公所，图纸是按照旧基址的面积设计的。可是京都市政公所则要求劝业场按照将来展宽的廊房头条房基线规划重建，按照这一规划，新的劝业场建筑前门应由原基址起，东头、西头以及位于西河沿的后门都要让出一部分面积。对此，劝业场据理力争，但胳膊拧不过大腿，最后，1918年重建的劝业场前门和后门都被迫向内收缩。

新建的劝业场虽然前后都向内有所收缩，但楼层却增加到四层，加上地窖子一层，共计两百三十一间铺位，又大大增加了营业面积。此时入驻劝业场的商户，都吸取了上次劝业场大火的教训，各个都上

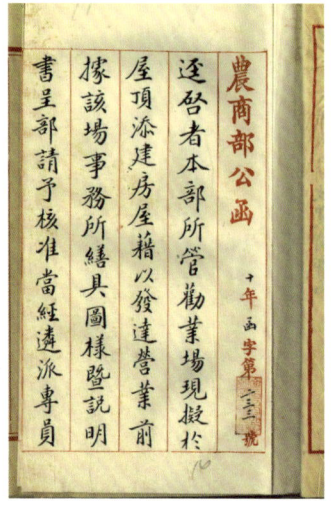

1921年农商部关于屋顶添建房屋的函

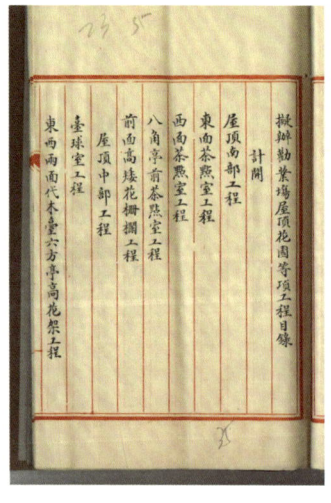

屋顶花园工程目录

了火灾保险。

新建的这座劝业场建筑无论在外观还是在内部都进一步保持西洋式风格，尤其在南北向狭长的内部分为三个大天井，最南面的天井呈长条形，中间的天井最大，呈八棱形，北面的天井呈四面磨角形，建筑全部为钢筋混凝土砖石结构。

1921年初，成立不久的劝业场事务所经过京都市政公所同意，在劝业场大门前的空场左右两端建造花厂温室，在门前东西月牙墙内添建两座半圆形的六方木质花亭，此项工程由万隆花厂承接。

同年4月，劝业场再度向京都市政公所呈报，为了进一步扩大发展空间，吸引游客，将采用木质构造在自家屋顶上添建花园。在南面长条形天井顶部的南侧设立露天品茗处，而在其东、西、北侧设立茶点室。在靠近西河沿的一侧楼顶，设立露天品茗及露天电影处，在屋顶中部八棱形天井上端的八角亭东、西两侧建六角形花架，在北面呈四面磨角形的天井西北侧建台球室，在这个天井的东、西两侧建露天品茗处，在楼顶添建大小房屋二十一间，各房高约一丈有余，并在屋顶的其余空地添建高花架、矮花栅栏作为点缀。即便是以当下的生活品位来看当时的劝业场，也一点儿不逊色。

如此一来相当于在劝业场的屋顶建了一座空中花园，当时唯恐游人众多，出现拥挤，劝业场就以提高游览票价来控制游人数量。此项工程通过招投标，最终由位于西交民巷司法部街的永兴木厂承揽，于同年8月1日开工。这项工程不仅繁荣了大栅栏街区的商业，也进一步刺激了这里的旅游发展。

三、大火重建定今容

正当花团锦簇的劝业场蒸蒸日上之时，1927年8月27日下午4时，劝业场再次浓烟四起，火光冲天。由于店铺密集，街道狭窄，火势迅速蔓延。警察厅消防处接到报警后，处长杨开中带着五十多名消防兵，火速赶到现场。现场拉起的警戒线，从西河沿珠宝市一直延伸到廊房头条东巷口。水龙带由西河沿市场穿过，伸进北侧的护城河里，以护城河河水为主要水源，少部分则取自附近的水井和自来水龙头。几名身穿水衣的斧子兵，站在宝恒祥金珠首饰店的房顶上，随时准备截断火道。经过四五个小时的奋战，大火终于渐渐熄灭了。虽然劝业场内的店铺损失不小，但幸好消防队及时扑救，总算把损失降到了最低。

正是由于劝业场的铺户们都上了火灾保险，劝业场的这次火灾，

铺户们不但保住了自己的财产,整个劝业场还可以利用此次的火灾保险费进行重新修缮。

经过短短四个月,劝业场便修缮完毕。新修缮的劝业场建筑外观为四层,为钢筋混凝土砖混结构加钢屋架。在廊坊头条的正门立面为巴洛克式,宽敞、漂亮,大门入口处做西洋柱式门罩,开在西河沿的后门看似体量较小,立面是巴洛克式,下有弧形的台阶,上有爱奥尼亚式的希腊圆柱,顶上还有拱形花瓶栏杆阳台,欧式花瓶栏杆和雕花装饰,望上去煞是好看。

劝业场的楼内装饰也更加西化,场内的纵深仍然保持着三个形状不变的大厅,四周是三层回廊,一层的每个大厅中间按大厅不同的形状围成一个环形的柜台,成为从楼上向下看的天井。楼上是围合式的,设开敞式商铺。三个大厅的天井顶部设有巨大的玻璃天窗,以便为营业厅采光,无论站在哪里,楼上楼下一目了然。在这里特别要提到的是经过前两次的"火烧旺地",劝业场在每层楼都安装了防火的消防器材,并开辟了太平门。

另外,劝业场还从天津的义记公司购买了厢式电梯,安装在楼里,成为北京第一家在商场内使用电梯者,这在当时可是个新鲜的玩意儿,堪称一景。因此来看热闹的人络绎不绝,那熙熙攘攘的场面就像是过年逛庙会一样。

陈宗蕃先生在《燕都丛考》中说此时的它"层楼洞开,百货骈列,真所谓五光十色,人目迷"。民国时期有《竹枝词》这样描述当时的劝业场:"放学归来正夕阳,青年仕女各情长。殷勤默数星期日,准备消闲劝业场。"

劝业场的建筑顶部

四、红火出炉的新罗天

劝业场最大的变化就是1940年万子和在此兴办的新罗天艺场。

万子和生于1883年9月16日,是个地道的北京人,家住前孙公园16号。万子和热爱京剧,同梅兰芳、程砚秋、尚小云、荀慧生、马连良、谭小培、谭富英、奚啸伯、杨宝森、言菊朋、高庆奎、萧长华、叶春善等交往深厚。他既是华乐戏院的老板,又在西长安街新新大戏院任经理,是京剧名伶马连良多年的合作伙伴。经他推崇、提携的京剧人才数不胜数,如奚啸伯、孟小冬、杨宝森、毛世来、李少春、袁世海等。

1940年,时年五十七岁的他,在劝业场租用了八十三个摊位,开始设立新罗天艺场。他承包了劝业场三层的主要部分共计二十七个摊位,改造成魔术杂耍场、书场、相声场、天宫球社和能容纳五百名观众的剧场,中间一圈跑马廊前为茶座和零吃摊。他将四楼全部的五十六个摊位,改造成评戏场,附设豆汁摊、零吃摊和乒乓球室,每到夏天还在楼顶增加露天杂耍。万子和领到临时营业许可证的时间是1940年2月6日,自此开始,劝业场在原有的商业功能外,又增添了娱乐功能。

自打新罗天艺场开业以来,一直是观众如潮,生意兴隆,有人说这跟万子和的为人有关。万子和平素交际面广,为人办事宽以待人、言行一致,很多名角和梨园同业都愿与他共事。由于他办事成功率高，戏班里都叫他"万事亨通"。冲着他来的这些名角，确实给新罗天艺场带来了很多人气，经济收入的增长也随之而来。三层的魔术杂耍场、书场和相声场，曾是架冬瓜演滑稽戏、郭筱霞说梅花大鼓、郝寿臣说相声、连阔如说评书的地方。四层的评戏场，曾是白天鸿巧兰等人演评戏，晚上刘宝全说京韵大鼓的地方，其热闹场景可想而知。

而万子和也并非唯利是图之人，他热心公益，凡是"赈灾义演"和救济性演出，总是全力组织。

五、回火维稳的劝业场

抗日战争胜利后，当时的社会局接管了劝业场。这时的劝业场在经营和使用场地方面更显灵活。万子和承包的新罗天艺场继续营业，电影院、剧场、舞厅、台球厅等依然红火。一层的百货店、绣花庄，二层的西服店、工艺品店和几家药店，三层的照相馆、理发馆以及外地的稀罕物品，都成为人们印在脑子里挥之不去的记忆。

在一楼一进门首先看到的是湖南人开的华湘绣庄，在此可以让顾客领略到手艺人穿针引线、妙手生花的风采。在这里的中兴珐琅庄、老亨记珐琅店、仪兴昌珐琅庄、瑞祥生珐琅等铺号里人们还能欣赏到北平传统工艺品景泰蓝。而劝业场专售外地商品的杭州商店、江西瓷业店、新华瑞广货店，则使身在北方的人们享受到了南方的货色。

百货店是到劝业场的人们最喜欢逛的地方，大新、万隆祥、森茂、文明、文华兴百货店，明远商行以及德利商行都给人们留下了深

刻印象。除此以外，劝业场还有颇具特色的文具店，不乏名家的镶牙馆，经营镜框、画像、图章以及字画的老店还有穿插点缀在这些店铺当中的茶庄、食品店，可谓应有尽有。

当时做西服是西学东渐的标志之一，也是人们体面生活的象征，而在劝业场内就有较高档的西服店。穿西服，就不能没有西式的美发，而劝业场里的艳蓉理发店、玉兴理发店，正好为那些穿西服的人设计发型。有了西式的服装和发型，不能不拍张标准照，而劝业场里的乐园快相部、华洋照相馆则正打算为这些人量身定制呢！

另外，在劝业场还开设有"球社"。所谓"球社"，其实就是今天的台球厅，要知道台球可不是今天才有的时尚运动，当时就已经很时髦了。

劝业场里的生意，少不了广告社的宣传，在劝业场里经营的四维、宝森、兴业广告社，每天的活儿都是满满的，不出劝业场就能承接到不少业务，更何况劝业场外的大栅栏商业街区，是他们如鱼得水的好地方。

后来，劝业场受当时局势影响，逐渐萧条，甚至曾一度关张。

六、劝业场的红火新生

1949年后，劝业场渐渐恢复了活力。此时，进驻劝业场经营的铺户达到一百七十八个，涉及十七个行业，从业人员达到三百六十五人。劝业场采取厂店挂钩、产销结合的方式，进行薄利多销，同时也搞代购代销。

1953年劝业场的全年流水总额达一百九十四万五千余万元。

1956年公私合营后，劝业场成为国营商场，主要经营珠宝玉器、金属器皿、丝织品、刺绣品、棉麻织品及土特产等，同时出售日用百货、皮货、五金电器等。直到1975年，劝业场被改为新新服装店，改变了其长期维持的商业形态。

1995年，"劝业场旧址"被列为北京市文物保护单位。2000年前

修缮后的劝业场外观

后，劝业场被改为"新新宾馆"，彻底改变了原来劝业场的使用功能。由于后来升格为全国重点文物保护单位，劝业场旧时的建筑风貌被基本保留了下来。

今天，从廊房头条走过的人们，都会被眼前这座重新修缮的老建筑吸引住。黄中带灰的楼体色调、中西合璧的建筑风格，会重新唤醒老北京人对这座建筑的念想。然而当人们走进这座殿堂里，还能看到多少岁月的痕迹呢？如何能让这几度梅开的老建筑，还原人们的记忆，让历史走进现实，让现实照亮历史？看来历史建筑再利用，将是一个永远的话题。

第四辑

故地寻踪

寻找颐寿堂

在翻阅北平市工务局工程档案时，偶然发现在北平内务部街11号（老门牌）有一处名为"颐寿堂"的花园式洋建筑，单从名字上就可以看出这座建筑的主人肯定是希望自己能在这里"颐养天年"了。再仔细观看这组建筑的蓝图，描绘得甚是漂亮，尤其是在建筑群当中的那座英式别墅更显精致。建筑的说明书也是装帧讲究，内容详细。可是，当我多次经过北京市东城区的内务部街时，却没有发现这组建筑，难道它最终没能完成？或在城市变迁的过程中早已香消玉殒了吗？

2015年9月"北京国际设计周"期间，我再次来到内务部街，正赶上位于这条胡同的卢森堡大使馆在北京国际设计周期间向公众开放。我走进这座院子，不禁被这里似曾相识的景致吸引住了，这儿不正是我曾经看到过的"颐寿堂蓝图"的现实版吗？神秘的颐寿堂终于露出了真容。

卢森堡大使馆官邸外部

一、探访颐寿堂

卢森堡大使馆位于北京东城区内务部街中部北京二中的西侧,坐北朝南,通过大门,沿甬道前行,可以看到两侧的墙壁是用高温耐火砖垒砌而成,一进门的右侧是一排平房,在左侧墙壁上依稀可以发现有一处用普通红砖补洞的痕迹,显然这里过去曾有一座门洞通向西侧的院落,再向里走,又一座大门将我们引向内院的花园和一座两层洋楼。

在北京传统的胡同里出现这样一座别致的宅院,实在让人感到稀奇。洋楼前面是一座英式花园,花园的中心有一座灯塔,再向南侧有一座日晷。环顾四周,花园被传统的中式游廊三面包围,在游廊的任何角度都可以欣赏到漂亮的洋楼和各色鲜花。

洋楼的西侧有一处游廊连接洋楼的小径,在小径前面有一片北方少有的竹林,而这片竹林的主干大多已经呈现出光杆儿的模样。卢森堡使馆的工作人员告诉我,按照竹子的生长

颐寿堂花园游廊

周期，估计这片竹林已经有七十多年的历史，今年春天这片竹林开花了，这个迹象表明它们的生命即将走到尽头。

走进眼前这座小洋楼，门厅内的木饰带有明显的欧洲装饰特点，水磨石地板镶嵌着类似佛教曼陀罗艺术风格的图案，可呈现的却是意大利风格的色彩，通向二楼的楼梯木雕也有着极强的欧洲装饰元素，但是房顶却依然保持着中式的三角形坡顶结构。这座渗透着东西方艺术混搭的建筑，到底是谁的杰作？过去这座颐寿堂的主人又有着哪些特殊背景和传奇经历呢？

我迫不及待地在洋楼周边寻找着有关这座院落身份的痕迹。在卢森堡使馆工作人员的引领下，我看到了位于这座楼房底层的一块汉白玉奠基石上用中英文镌刻着这座建筑的建造时间，中文用篆字写道："西历纪元壹仟玖佰叁拾柒年叁月壹日典基"，由此得知奠基石上镌刻的时间与建筑蓝图上所标注的时间大致吻合。

二、颐寿堂的建设

1936年4月，时年二十九岁的王绍范以商人的身份，由天津来到北平闯荡。他先是以低价购买了宣武门外西城根35号的房产，又四处打探内城中心城区的房产信息，伺机选择购房。最后他选择了在内务部街购置房产。

在内务部街上购置房产，显然是经过王绍范深思熟虑的，因为在民国时期内务部街不仅曾是内务部的所在地，而且由于地处东单附

颐寿堂建筑奠基石

近，毗邻曾经作为使馆区的东交民巷，所以这里也是很时尚、很国际化的，许多官员和商人都争相在这里购置房产。

然而，由于在天津住惯了小洋楼，王绍范购买了这里的房产后，没有再继续沿袭老北京四合院的传统建筑形态。他计划将这里的老房子全部推平，然后在这座古都的中心区做一个仿效西方花园别墅式的建筑，来实现自己的居住理想，而且他在计划阶段就给这座建筑起了一个好听的名字"颐寿堂"。

可是当时的北平能够营造花园式洋房的木厂或建筑厂可谓凤毛麟角，于是王绍范找到了在天津以建造小洋楼而闻名的平城工程公司来

承担这项业务。由于此项工程是在北平，所以王绍范又找到了离内务部街不远的芳嘉园胡同30号"和记"建筑厂作为工程的监理单位。

1937年3月1日，这项规模宏大的建筑工程开始动工了。这组建筑分为前院、后院两个部分。前院的建筑主要是用于接待客人，是一组西式平房建筑，客人可以从前院大门进入前院，主人可以从后院通过甬道向右转进入前院东侧的侧门接待客人。后院的主建筑是一座两层别墅，前面有一处"田"字形的花园，三面有中国传统式的游廊相拥，楼房后面还有一排用作仆人居住的平房和用于存放、培养苗圃的花窖子。在楼房的西北侧与平房之间有两个污水井，用于处理这座院落所产生的污水。

为了保证工程质量，负责这个工程的天津平城工程公司建筑师梁如璋对建筑材料、建筑工艺等各个环节的要求达到了近乎苛刻的程度。他要求建筑的基础使用三成西山的白灰、七成用细筛筛过的黄土，用清水掺拌均匀，将十英寸厚的土用重夯打三次，打成六英寸厚，淋洒适量的水，再用八十斤以上的重碾打两次，然后逐层填筑，每层厚八英寸，用重碾打实，直到达到坚实的程度。砖墙外露处一概使用方正且烧透成红色的四丁琉缸砖，墙身内部均用平常的四丁红砖。所有砖料，均以质地坚硬，敲击声音响亮为适宜。砌筑墙面之前，砖块需用清水浸透。油纸、油毡、油膏都要使用美国品牌的；混凝土洋灰，要使用唐山启新洋灰厂马牌或中国泰山牌的；油漆要用永明牌的上等货。

据相关档案记载，整个院落建成后，院中的小洋楼上、下共有二十一间房；带廊子的瓦房三间；一般瓦房四十间半；灰房两间半；西式平台房五间；灰棚一间；花房三间；棋盘心房五间；地窖子两间，整个院子共一百零六间房，另外在小洋楼的西北侧还建有一眼机井。

当这座豪华、别致的建筑竣工后，人们都尊敬地称王绍范为"颐寿堂王"，王绍范也为自己拥有这样一座漂亮的豪宅而感到骄傲。随后，王绍范把自己在宣武门外西城根35号的房产卖给了平汉铁路局，而平汉铁路局又将这座房产出租给了王绍范的家族企业——乾义面粉公司。

三、颐寿堂与主人的命运

可惜好景不长，就在这座豪宅竣工后不久，日本侵略军就占领了北平，王绍范在北平的事业受到了很大影响，于是他离开北平去了天津，1940年前后，在王绍范的老家——天津第十区大理道106号（老门牌）出现了一组和北平内务部街11号建筑风格相同的别墅。在此期间，王绍范曾在天津的颐和银号、济南的鲁丰纱厂、保定的乾义面粉公司任职。同时，他还在河北省石家庄市新兴路上开了一个为人们量身定做西服的"东方新衣庄"，经营服装生意。

1944年，王绍范将北平内务部街"颐寿堂"东部的10号院租给了他的一个医生朋友——裘祖源。裘祖源是北平协和医学院的医学博士，曾留学美国明尼苏达大学，并到英国、法国、瑞士、意大利考察结核病防治工作。起初裘祖源一家五口人住在这里，抗日战争胜利后，裘祖源代表北平协和医学院建立了"北平结核病防治院"，他担任院长，再后来北平协和医学院买下了这座10号院。1947年，裘祖源

被任命为北平协和医学院教授,同时还担任北平市第一卫生事务所所长及防痨门诊处主任,之后裘祖源还曾代理过北平协和医学院院长的职务。

在内务部街10号后身儿的本司胡同60号(老门牌),被王绍范用作招待山东馆陶县的亲戚以及天津的亲戚居住,其余房屋出租。

1950年后,王绍范的家人搬走了,他们定居在了天津。1951年,这座西式宅院租给了巴基斯坦大使馆,而这座宅院的前半部分——原来王绍范用于接待客人的客厅,则被有关部门用于家属宿舍,人们用砖将通往花园与洋楼甬道的门垒砌堵死,单独成了一处院落。1965年,内务部街胡同的门牌号有了新的变化,老门牌11号成了内务部街21号,王绍范原来用于接待客人的院落成了甲21号。而内务部街21号东部的院落连同这座院落后身儿的原本司胡同60号已由卫生部门接管,后来成了一处宾馆。

四、颐寿堂的新生

1978年底之前,巴基斯坦驻华使馆一直设在这里。1980年,卢森堡大公国驻华大使馆租下了内务部街21号院,成为现今唯一还在胡同里的外国使馆。

望着王绍范在七十多年前种下的这些竹子,遥想着王绍范到底是一个什么样的人。我想他执意要把北京传统的建筑改变为西式的别墅院落,又在这座院落里点缀了许多中国传统的建筑元素;他不顾北方的季风气候，执意要把在南方生长的竹子搬到北方生长，可见他是一个具有西方思想且热爱中国传统文化的人。也许当初王绍范会在这片竹林下望着自己的洋楼，面对着那些竹叶婆娑的投影而孕育出美好的诗句来吧。而今，这片已经开过花的竹林在瑟瑟秋风中摇曳，不禁让人为他的宿命而感叹。

  过去的已成往事，而今借着2015北京国际设计周这个平台，在卢森堡大使馆的院子里，人们不但能够欣赏到日常难得一见的惬意场景，而且在游廊里还能看到有关这座"颐寿堂"的史料图片展示。为了向中国推介卢森堡的文化，卢森堡的摄影家还在内务部街的胡同里展示出他们反映中卢友好的摄影作品。眼前的这座"颐寿堂"又在我国的外交领域获得了新生。

破解朝内大街81号"鬼宅"之谜

北京朝阳门内大街81号院有两栋建于20世纪20年代的小洋楼，由于年久失修，且楼体上长满了密密麻麻的爬山虎，显得有些阴森。这里早就有"鬼宅"的传说，随着电影《京城81号》的热映，这里更被炒得沸沸扬扬。在"鬼宅"的故事充斥于微博、微信的同时，这里每天都会有许多的猎奇者、探险迷前来聚集，夜间不时还会有人为寻找刺激翻墙而入，一时把"鬼宅"给弄成了"闹屋"，"真是红了电影，苦了老楼"。

一、被讹传为"华北协和话语学校"

除了朝内大街81号"闹鬼"的传说，就是用"史说"解释的所谓"此处是民国时期美国天主教会用于培训传教士中文和提供他们休息的华北协和话语学校。此处1930年后改名为加利福尼亚学院，开始招生"，并引出"美国历史学家韦慕庭和美国汉学家费正清在这里的网球场上开始了友谊"的故事。

这一解释大多来源于2005年由北京市东城区编纂的《东华图志》对朝内大街81号历史的介绍。而《东华图志》对于朝内大街81号的解释又来源于哪里呢？

朝内大街81号东侧的小洋楼

20世纪90年代末,朝内大街81号院险些被拆除,幸被发现制止,虽按原貌恢复,但房屋结构已出现隐患成为危楼,被闲置起来,而楼体上大大的"拆"字却格外抢眼。也就在这段时间,有个美国记者路过这里,错将这两座小楼与再向西一站地的北京外交人员服务局后面的原"华北协和话语学校"建筑混淆,而写出了一篇"一栋记录中美历史关系的学校将被拆除"的报道,文中还描写了美国汉学家费正清等人在这里学习的一些故事。

据了解,那位美国记者的文章发表后,正值北京市东城区有关部门编写《东华图志》,这篇美国记者的文章,引起了编撰组的注意。《东华图志》的编撰人员,费尽周折终于用电话与那位美国记者进行

朝内大街81号院内未修复前的两栋小洋楼

了沟通,但由于语言障碍,只听懂了那个美国记者用生疏的汉语说道:"就是这个地方!"由于那位美国记者肯定的说法,所以编撰人员将这里编写为"加州话语学校"的所在地。而这次不严谨的编撰,使得这位编撰者至今懊悔不已。

二、揭开朝内大街81号的身世之谜

通过查阅大量的档案史料,并到当地派出所查阅1965年的新旧门牌对照表得知,朝内大街81号在1965年以前的门牌为69号。

知道朝内大街81号就是老门牌69号之后,再翻阅1949年以来的户口登记表得知原来在这里居住的是朱德容女士。这个登记表还显示朱德容1885年10月25日出生在广州,是一位知识女性。再通过相关的档案史料得知朱德容女士的丈夫就是曾任平汉铁路总工程师的法国人普意雅(G. Bouillard)先生。

普意雅像

户口登记表还记载,1921年2月6日普意雅与朱德容入住这里,再翻阅房产档案得知,起初这里是乐铭盘与王有瑞合开的一个占地面积较大的商铺,1922年普意雅以朱德容的名义正式购置了朝内大街69号的宅基地,他们无法掩饰自己对这块宅基地的梦想,于是,由普意雅设计施工,建造了两栋富丽堂皇的西式住宅楼。

从档案中记载的朝内大街69号平面图中得知,在这两栋洋楼的前面原来是一座带有花窖子的大型花园。这就是普意雅与朱德容所要实现的法国式的浪漫生活。

三、成为天主堂始末

第二次世界大战时期，法国维希政权成为法西斯的同盟，由于朝内大街69号院落居住者有法籍背景，所以未被日本人占据。抗日战争胜利后，由于生活所迫，1946年，朱德容将院内的西楼一层出租给天主教奥斯汀修女会在此设立普德诊所（奥斯汀修女会施诊所在北京共有两处，另一处在西直门天主堂的东侧）。

也许是奥斯汀修女会的牵线搭桥，1948年5月5日，爱尔兰天主教味增爵会（现称遣使会）的司铎孔文德（译音）用在爱尔兰筹措的相当于我国1955年之前的国币十亿元（通货膨胀时的货币）的资金，购置了朝阳门69号（老门牌）院，设立了天主堂。这座教堂为八面槽天主堂（东堂）下设的二分堂（使东单区的天主堂由两座成了三座，另有位于东交民巷的圣弥厄尔堂）。据档案记载，其实这十亿元只够购置这座院落一半的价格，但孔文德与朱德容谈妥的条件是：从即日起提供朱德容生活的一切费用，直至她在这所院落里去世，并料理其死后的一切，而且要为她建堂，常年举办纪念弥撒。

档案记载，朝内大街69号成为天主堂后，其传教范围东至朝阳门外关东店，西到东四牌楼，北至东四五条，南至礼士胡同。

这座院落大门面向朝内大街，门房在大门东侧。院落的南墙外由于有居民院落，所以东南角向内凹进，而南侧围墙更是向西南方向呈不规则的折返状态。西侧围墙由于是在朝内大街斜街上，所以呈向西北的弧形走向。北部围墙和东部围墙相对整齐一些，围墙外部是仁立地毯厂。

进入大门是占据院落前广场的花园，花园北侧为东楼。东楼的东侧为花窖，东北角为教友居住及朱德容使用的瓦房，院落的西南角也有供教友居住的平房。进入东楼向西开的大门，右侧为会客室，其余的一层房间仍由朱德容使用。二层全部由神父住用，三层为工友住用。

从东楼到西楼之间有过廊连接，西楼北侧有二层楼的诊疗室。西楼另有一个坐北朝南的大门，进入大门后有施诊所和药理室。西楼二层全部为教友居住，三层是整个通开敞亮的圣堂。

四、朝内大街81号的命运

1951年，基督教三自爱国运动达到高潮。当时任朝阳门天主堂任本堂的宋乐山为了让教徒们认清敌我矛盾和帝国主义者近百年来借传教名义所做的非法勾当，进行了大量工作，最终却因积劳成疾住进了安康医院。接替他的是原辅仁天主教堂的神父，精通法语和拉丁语，时年三十一岁的宋静山。

当时朝阳门天主堂的经济已变得拮据，因此宋静山不得不辞去了教堂的工役和厨役，一人维持教堂的工作。过去教徒们及家属无偿地在教堂里居住，而今，不得不让这些教徒们花钱租用，尽管如此，租金也是少得可怜，教堂的经费困境还是没有得到缓解，于是宋静山不

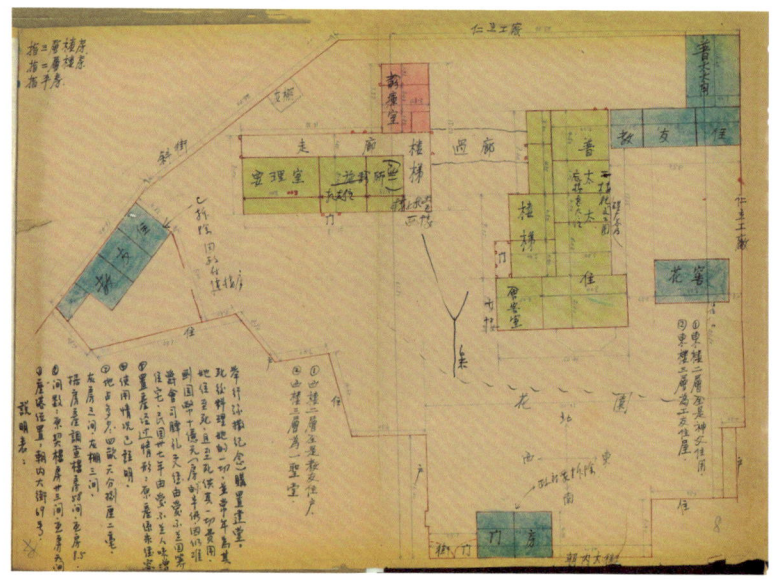

朝内大街81号平面图及说明

得不把一些空置的房屋租给了中国煤矿文工团。

眼见教堂的经济状况有所好转，西什库教堂却以宋静山违反教规为由，于同年7月16日将他调走。过了三天，六十二岁的杨秉文调到朝阳门天主堂任本堂。凭借岁月积累的经验，做事低调稳健的杨秉文，将这座院落里的各项事务打理得井井有条，因而过上了一段相对平静的日子。

一直到1960年之前，在朝阳门这座院落里，还有煤矿文工团的演职人员陆续从外地带着家属来到这座院里落户。而早已归于沉寂的朱德容，悄然离开了这座院落，自此不知所终。

1965年，在整顿地名和门牌号重新编排中，原朝内大街69号被改为81号，而此时这里已经变成了名副其实的大杂院。

为落实国家的宗教政策，中央统战部、国家宗教局等部委联合下发文件，要求各单位腾退占用的宗教房产。1994年7月，经过多个部门的共同努力，北京市天主教爱国会办理了朝内大街81号的房屋所有权证。但是由于经济补偿问题，院中居民的腾退工作进展缓慢。

20世纪90年代末，朝内大街81号周边也启动了拆迁工作，院中的居民纷纷迁出，院里的房屋被腾空。就在工人们对这两栋小楼准备实施拆除的时候，也许是发现了这座院落是教会房产的特殊性，拆除工作被突然叫停，但毕竟拆迁对这两栋建筑造成了伤害，经过房管部门的评估，确认院中的两栋小楼已年久失修，成为危房，不具备继续使用的条件。

历史建筑是历史的载体。要保护好历史建筑并使之得到合理利用，肯定会有不少的经费投入，而一些使用单位在经费投入上却显得力不从心，这是当下许多历史建筑所面临的窘境，这一情况也成为人们争论不休的话题。朝内大街81号的两栋小洋楼，正是在这种情况下一搁就是十年。十年的时间，爬山虎逐渐

朝内大街81号东侧小洋楼入口

朝内大街81号东楼西侧

把这两栋小洋楼旧有的纹饰掩盖住，从外墙立面通过被拆下窗户形成的黑洞长到了屋内，让这处老宅显得有些阴森可怖。这样一来，就给一些人提供了想象的空间，于是某些人就把这里打造为"鬼楼"，并把他们的那些道德伦理与价值取向强加进来，让人们信以为真。这从一个侧面也反映出当今社会的一些文化现象——"浮躁"。这些胡编乱造的鬼故事，相对于发生在这里的真实故事而言，简直是开了一个历史的玩笑。

朝阳门天主堂的首任中国人本堂张永善一直挂念着朝内大街81号的命运。的确，他对这里怀有一份常人所不能及的敏感与关切。2009年，当他得知朝内大街81号被列为东城区文物保护单位，并被收录《北京优秀建筑名录》后不久，在老家安然辞世，享年九十三岁。

而今能够见证朝内大街81号历史变迁的人，大多已经离世，我们不知道该用怎样的情感去解读他们的心路历程，只能祈祷他们能安息。

时光荏苒，一晃九十多年过去了，这座院落的历史，以及发生在这里的故事，就像这院里的两栋小洋楼被疯长的爬山虎紧紧包裹，秘不示人，又宛如美丽的少女被蒙上了一层神秘的面纱。而当我们依据史料来还原发生在这座院落的故事，又仿佛看到了一幕从遥远的过去一直演绎到今天的悲喜剧，在剧中有主人公的光荣与梦想、得意或失落。他们将自己的精魂折射在历史的载体里，镶嵌在这座历史建筑之中。

的确，摧毁一座建筑也许不需要太多的时间，但是要恢复一段记忆，有时却需要我们付出艰苦的努力。我们期待这座院落得到合理修缮，恢复旧有的容颜，再揭开她那层神秘的面纱，向世人还原她的美貌吧。

说说北京的"猴"事

过去,在老北京,走街串巷的耍猴艺人一来,街巷里立刻就会热闹起来,孩子们总会围着耍猴人一起嬉戏玩耍,这景儿已成为人们一段难忘的欢乐记忆。

中国传统文化中的"猴文化"地位显著,例如:用"猴"与"侯"的谐音,将"猴"比喻为"侯",祈求子孙得有功名。见到猴子骑马的画面,人们立刻就会知道这是"马上封侯"的寓意。同时,猴子又是机敏的化身,表演猴戏的木偶剧,老北京叫作"耍猴儡"。人们都说"猴子是齐天大圣的子孙""近猴者寿"。画一幅猴子抱大桃的画儿,题跋为"得寿图",那肯定是祝寿的嘉礼。著名画家高奇峰水墨渲染的"猴",齐白石的写意猴,王梦白、刘继卣的小写意猴,都把猴子表现得灵活生动,形神兼备,堪称一绝。

而在北京关于"猴"也有许多有趣的故事。

一、北京的"猴"地名

(一)北京城内的石猴街

北京城里的石猴街不长,仅有八十九米,属于大栅栏街区。据传,这条街的命名与街北口有个"泰山石敢当"有关,说是这座"泰

石猴街

"山石敢当"为街巷中的一个大户人家所设置,碑石后面立着一块青石,刻有一只活灵活现的小猴子骑在马背上,以"猴"比喻"侯",祈求功名,但这毕竟只是传说而已。

(二)猴山、猴石崖

北京京郊以"猴"命名的地方,大多数是因为地形地貌而得名。比如,位于石景山区与门头沟区交界处的猴山,主峰海拔六百三十五米,因为山峰凸起,形似猴状而得名。

位于海淀区四季青镇西部的猴石崖,是北京小西山上的一座山岭,海拔687米,也是因为这里的山石形似猴头而得名。

在怀柔区内也有以"猴"命名的地方,而且几乎全是山地,例如猴顶山。猴顶山位于怀柔区喇叭沟门乡的北部山区,面积为302平方千米,属燕山山脉,顶部巨石因球状风化形似猴状而得名。

怀柔区境内的南猴顶又名平顶山,位于怀柔区与河北省丰宁县交界处,海拔1697米,阴坡主要为辽东栎林,阳坡多为绣线菊灌丛,为怀柔区最大的天然次生林。

怀柔区还有一处叫西猴顶的地方,位于怀柔区的琉璃庙镇,据《北京市怀柔县地名志》载:该村曾是一个只有十几户人家的山村,海拔995米,聚落呈东西向带状,清末成村,因村西南山上有一巨石,极似猴头,故名。因交通不便,村民于1972年迁至鱼水洞村。

说到怀柔区著名的"猴石樑尖",就会让人感到既神秘又向往。它坐落于延庆区与怀柔区的交界处,属燕山山脉,山体呈东北至西南走向,连绵70多里地,有三个较大的山峰。主峰海拔1318.5米,主峰上

猴顶山

山石凹凸，经过风化多似猴头状，故名"猴石崆尖"。其东有李二沟村；其西有木沟村；其南有大东沟村，再向北还有柏树曹子高尖。由于生态环境保护得好，"猴石崆尖"山上林木茂密，时有野生动物出没，这些让人想起来都会感到很惬意。

二、北京的"猴"故事

（一）虚惊一场的"猴"事

1914年8月14日，《日知报》刊载了一则大马猴在北城九道弯抓伤小孩的新闻。惊动了京师警察厅。

内左四分区警察署马上派人到所属的九道弯胡同展开调查，可调查的结果却是子虚乌有，完全是《日知报》为了吸引读者的眼球而编造出来的奇事。这可气坏了京师警察厅厅长吴炳湘，他立刻指示京师警察厅向日知报社发函，要求其在报刊上进行更正，"以昭翔实"。后来，日知报社只得照办才算了事。

（二）姐夫与小舅子的"猴戏"之争

著名的京剧《水帘洞》和《安天会》是以猴为主的戏，它要求演猴戏的武生必须身手敏捷，以表现猴子的动态。

李万春是以短打见长，又善于做戏的演员，对猴子的动作研究得非常到家，所以他演的猴戏很生动。戏中的孙悟空虽被封为弼马温，却以齐天大圣自居，一出场就有王者的气派。与天兵天将开打时还兼

有嬉笑。偷桃盗丹时，连唱带做……这些都被李万春演得惟妙惟肖。所以他成了演猴戏的偶像，每次演出场场必满。

正当李万春的事业如日中天的时候，他的小舅子李少春由天津来到北平演戏。可李少春到了北平以后，频频出演李万春的拿手戏，惹得李万春心里很不痛快，尤其是李少春又要演《水帘洞》这出戏，就好像是要存心跟李万春对着干，况且李少春又比李万春年轻几岁，身手矫健，显然要胜过李万春一筹了。

李万春真沉不住气了，他觉得应该给小舅子点颜色看看。于是，李少春在新新戏院再度上演《水帘洞》的同一天晚上，李万春在大栅栏的庆乐戏园上演了《四郎探母》和《水帘洞》双场戏，而票价又优惠于李少春所演《水帘洞》的票价，轰动了戏迷。买低廉的票价还能看大腕儿的文武双出戏，太值了！于是，李万春这边的上座率自然就高于李少春那边的上座率，这一仗，李万春似乎是打赢了。

但不久，李少春推出的《智激美猴王》，场场皆满，口碑极好，大家都夸耀李少春比李万春的猴戏精彩多啦！这可把李万春气坏啦！李万春下决心，一定要跟李少春打对台了。

李少春在《智激美猴王》成功以后，又排出了《十八罗汉斗悟空》这出要演三个小时的大戏，演戏的班底全是大腕儿。表演中不同的武器，不同的打法，让人看着眼花缭乱，十分过瘾，上座满堂，历久不衰，这出戏成了李少春的撒手锏。

双方因猴戏争斗了三四年之久。

直到后来有一回，作为回力球球迷的李少春表示要去李万春经常打球的回力球练习场与李万春一同参加回力球运动，而李万春立即表示欢迎后,郎舅二人才通过一同打回力球,恢复了关系。不久二人又同台串演了《大登殿》《四郎探母》等戏,后来又与诸多大腕儿联袂演出了《群英会·借东风·华容道》。这台戏自然非常轰动,上座满堂,观众们都对二李由争而合表示惊讶和欣慰。

三、动物园猴子的故事

北京动物园的前身是建于清光绪三十三年(1906年)的农工商部农事试验场,占地面积1062亩,其中的动物园仅占地约22亩。清光绪三十四年(1907年)初,清朝官员端方出访德国时,购买了一批野生动物,其中就包括猴子,回国后,他将这些动物寄养在这所动物园中,动物园自此开始有了国人难得一见的珍稀动物。

抗日战争时期,农事试验场更名为园艺试验场。猴山于1942年开始筹建,位于动物园的东南侧,由技正刘恩华负责设计。经过当时的建设总署都市局进行招标,最终天顺木厂竞标成功,负责承建。猴山的占地面积1000多平方米,为下沉式结构,场馆中央用山石堆积成两座假山,主峰高可达12米,内有6~8平方米的石窟,猴山外围有椭圆形的围墙,围墙高3.1米,从假山到围墙的距离为5.9米。猴山是北京动物园著名的"三山"(狮虎山、熊山、猴山)之一,是动物园现存唯一一座兴建于1949年以前的动物馆舍。

1949年,北平和平解放时,园艺试验场里像是一片废墟,唯独剩下猴山上的13只猴子和2只鹦鹉,还有1只瞎眼的鸸鹋。

1951年，原市政府公园改名为"西郊公园"。1955年4月1日，北京市政府决定，西郊公园正式更名为"北京动物园"，兴建了猕猴馆、猩猩馆、狮虎山等场馆。

1959年，北京动物园决定再为猴山"添丁进口"。经过林业部和北京市的层层审批，北京动物园云南狩猎组成立。历时一个多月，共有四十多只猴子被捕获。自此猴山就成了恒河猴的天下。

1972年，北京动物园向北京市建设局提出了建造猿猴馆的请求。当时北京动物园饲养着比较珍贵的猩猩、山魈、狒狒、长臂猿等十四个灵长类动物品种，四十余只灵长类动物。随着发展，还计划陆续增加一些品种和数量。由于这些灵长类动物大部分生长在热带地区，在北京饲养就必须有适合它们生活习性的设备条件。而多年来，北京动物园没有为这些灵长类动物建筑馆舍，都养在一些改装的馆舍内，比如猩猩、长臂猿、叶猴等，就养在羚羊馆。这些灵长类动物在北京要有七个月的时间在室内生活，而这些改装的馆舍条件较差，不适合它们的生活。另外，限于园内馆舍的条件，有一些珍贵而展览效果又好的动物，如阿拉伯狒狒、山魈、猩猩等长期以来一直在十三陵饲养场进行饲养，不能展出。根据上述情况，北京动物园急需建筑一座猿猴馆。

农事试验场动物园里的猴

北京动物园当时还提出：鉴于馆舍

农事试验场大门

的分布，东部比较拥挤，拟在海狮馆的西部建筑此新馆，既可改变西部的园容面貌，又可以达到疏散游人的目的。建成后的猿猴馆可饲养十五种五十只灵长类动物。

  北京动物园的这项请求，最终于1972年7月下旬得到了批准。就这样，"猴类"在动物园的西部又有了一块儿新领地。

新街口的契园和它的主人

1957年1月29日,北京市园林局收到了一份由北京市人民委员会办公厅转来的政协北京市第一届委员会第二次全体会议提案。行文中写道:"凡应办而又可能办的,请认真办理;凡是不能办的,请加以说明,并请将处理情况,在2月15日前送交我厅,以便转复。"这是一份怎样的政协提案,值得北京市人民委员会办公厅向办理方提出如此高规格的办理要求呢?

一、案由提出扩充契园 重视艺菊事业

这件政协提案在"案由"一栏中写道:"为契园艺菊事业与国产植物利用,人民文化生活及劳动教育、科学研究,均有很大关系,拟请政府特予重视,酌加扩充,俾资发展。"提案人为黄翔、陈云诰、邢冕之、邱立崢、秦祥征、刘春岭。

在提案的"理由"一栏中写道:"菊花为我国古来特产的植物,南北各地均宜栽培,非独可资观赏,为一般人民所喜爱,且足以供实用,既能为医疗的良药,也能作饮食的佳品,并与文学艺术皆有密切关系。现在我国艺菊园圃,较有进步显著成效的当推契园。自解放以来,经政府帮助,在提高人民文化生活方面,实起很大作用,促进了

各地方艺菊的热潮，引起了各界人士的欣赏和注意。其所培植的佳种散布全国各地，且及友邦，为中外人所共知。我们先后前往参观，深入了解其情况，现已为客观条件所限，发生许多困难。在该园主刘絜园，费了二十多年的辛苦，胼手胝足，忘老不休，对于人民乃得有此贡献。自应就该园基础，力加扩充，使之能随社会主义国家的建设，共趋繁荣，固不仅为美化首都，有特加重视的必要！这是我们提案的主旨。"

二、提案中所涉及的主人翁与其艺菊事业

提案中的刘絜园到底是何人？絜园位于何处？这个菊园又为什么会引起政协委员的关注呢？

经了解得知，刘絜园，名文嘉，号絜园，生于清光绪十年（1884年），原居东北，祖籍湖北嘉鱼县。刘文嘉早年毕业于日本早稻田大学法律系，回国后参加辛亥革命，曾任武汉军政府参议，财政、实业两司参议，后任民政司主任秘书、财政司财政科长，1929年任中东铁路督办公署编译处编译委员。1931年"九一八"事变后，日伪政权及汉奸多次纠缠，胁请刘文嘉出任伪职，但他保持民族气节，坚决不从。为避免汉奸纠缠及日寇胁迫，刘文嘉全家迁到北平，效法陶渊明，筑屋隐居，建房种菊，在新街口以北置地约六亩，取"洁身自好，闭门啸傲"之意，自号"絜园老人"。所建房屋除了供家人居住，还在前院、中庭、东西厢房、北房正厅，摆放了许多大大小小异

彩纷呈的盆菊,院中也遍种菊花,种菊面积达4.7亩,培植的菊花有几百个品种。

在刘絜园的菊园大门口有陈叔通的题额"絜园",在花房内有邵伯䌹的题额"仰止庐",在院中的假山平台上有章士钊的题额"望湖亭",在望湖亭对面,有一组小诗龛,分别悬有屈原、陶渊明、杜甫、白居易、苏轼、陆游、李东阳、法式善等人的画像。

絜园老人爱菊,所以也爱陶渊明,他曾考证过陶渊明的年谱;因爱陶渊明,所以也爱古诗,他把对菊花的爱倾注在古诗中。每当菊花的盛开季节,京城的社会名流都纷纷到絜园赏菊,从此,"菊花刘"的名字驰名京华。

中华人民共和国成立后,刘絜园在人民政府的关怀和帮助之下,更加努力劳动。他用科学的方法,培植出深红大朵的"东方红"、雪白带毛的"白毛女"等许多新品种,使整个菊园琳琅满目,极菊花之盛。

三、名人频来访　菊园受关注

菊园每当金秋,便向社会开放。刘文嘉把絜园中的前后院包括"仰止庐"等共七间房屋布置成展室,摆放名贵品种的菊花近千盆,供赏花人欣赏。每当爱花人不吝远近,纷至沓来赏花,刘文嘉总是含笑而迎,以花为媒,与赏花人一起交流艺菊、赏菊的经验。

1953年5月,西山贝家花园的主人,法国医生贝熙业偕夫人吴似丹前来赏菊。刘文嘉久闻贝熙业素有"济世之医"的美名,也知道比贝熙业小许多的吴似丹是位画家,但不知道贝熙业夫妇也如此喜爱菊花。

眼见这位鹤发童颜的法国老人与其年轻貌美的娇妻在菊花丛中相映成趣,刘文嘉忽然诗兴大发,一连作诗两首,以答谢这对远道而来的特殊客人。其中一首写道:"良医济世视同仁,皓发童颜不老身。偕得彩鸾来看菊,爱花都是有情人。"

1956年,扬州女画家吴砚耕在北京䎡园写生,作菊两百幅。郭沫若闻讯,亲自观赏画家作画,留下诗句:"花不飘零根不死,东篱岁岁茁新生。"

菊园的正厅是名贵菊花的荟萃之地,而正堂上熠熠生辉的还有国家领导人参观时留下的题词。来此赏花的游人至此无不驻足凝视,珍惜眼福。

四、䎡园老人的化身

20世纪60年代,仍在䎡园工作的刘文嘉老人,虽已经年逾古稀,可每天还是精神矍铄,满面红光地热情接待客人。老人说:"菊花是我国的传统名花,菊花的故乡在中国,它拥有丰厚的文化内涵,我们不能丢了呀!"

1962年,七十八岁的刘文嘉因胃癌去世。

20世纪80年代,北京开展了一次声势浩大的评选市花、市树的群

冬青老人偕似丹女士遠來看菊旋以法華對照寫真見貽喜占小詩二首奉謝即希同粲

良醫濟世視同仁 皓髮童顏不老身
偕得彩鸞來看菊 愛花都是有情人

萬里來華有宿緣 時逢九九享高年
新譯假丹青手異日應留佳話傳

一九五三年五月劉挐園初稾

刘文嘉给贝熙业的诗二首

众文化活动，数万人投票。结果，月季和菊花名列前茅。1987年3月12日，经过北京市第八届人民代表大会第六次会议审议通过，正式将菊花和月季定为北京市市花。

回望当年的挈园，分明就是一座弘扬菊文化的博物馆；挈园的主人刘文嘉分明就是菊花的化身；他一生酷爱菊花，三十几年痴心不改；他傲霜耐寒，无私无畏，与世无争，不愧为真正的"花中君子"！

回望通州

通州历史文化悠久。古《通州志》中描写其地理位置为"上拱神京,下控徐兖,襟河带海,为国家转漕之通衢"。自古以来通州在保障北京的政治、文化中心地位,促进周边城市发展与南北交流中发挥了至关重要的作用,成为北京历史文化名城的重要组成部分。

一、通州的来源

早在新石器时代,通州境内就有人类活动。春秋战国时期,属燕国渔阳郡,已有大量人口居住。西汉初年,在今通州区潞城镇古城村位置建立路县治。根据最新考古发现,路县故城是目前所知通州区唯一的秦汉城址,城址平面近似方形,城总面积约三十五万平方米。东汉时期将"路"改为"潞",始称潞城。今天通州的大部分地区曾为古代潞县管辖。

北魏时期,潞县治位于今河北省三河县西南城子村,属渔阳郡。隋朝,潞县治迁回古城村,属幽州管辖。辽代,潞县先后为幽州府和析津府的属县。金天德三年(1151年),海陵王完颜亮取京杭大运河"漕运通济"之意正式在此设立通州。

近年在通州故城出土的东汉多室墓葬

二、通州的运河文化

京杭大运河北起北京（古称涿郡），南达杭州（古称余杭），全长一千七百九十四千米，为世界上最长、最古老的运河。它肇始于春秋时期，形成于隋代，发展于唐宋，最终在元代成为沟通海河、黄河、淮河、长江、钱塘江五大水系、纵贯南北的水上交通要道。它和万里长城一起并称为我国古代最伟大的两项工程。

元代，为了加强漕运，将原绕道洛阳的大运河裁弯取直，修建了济州河、会通河，又由郭守敬主持开通了通惠河，于是南来之船可溯

通惠河，直达京师城内。明、清二代，设立漕运总督，官至正二品。

在金、元、明、清四朝，通州成为京东的交通要道、仓储重地，同时也是商贾行旅、水陆进京的必经之地，享有"一京（北京）、二卫（天津）、三通州"之称，政治、军事、经济地位十分突出，形成了独具特色的运河文化。

北运河是利用自然河流修治而成，秦时称沽水，西汉名潞水，北魏改潞河，金代曰通济河，元代改名白河。明嘉靖七年（1528年），巡仓御史吴仲主持重修通惠河，将其河口自张家湾北移至通州城北门外，同时将大运河北端码头自张家湾北移至通州城东的土坝码头和石坝码头。那时人们称通惠河为里漕河，北运河为外漕河。

由大运河运来的粮食在通州土坝码头或用驳船转运至通州入仓，或由石坝码头换载至通惠河，逐闸转运，直至北京东便门外大通桥岸。大通桥有若干车户专门负责将漕粮运至朝阳门、东直门一带的京仓，其他入京漕粮则由通州陆路运往京师，清顺治十三年（1656年）又曾修筑通州至京师道路，以利陆路运输。

通惠河自明嘉靖七年（1528年）修复以后，始终通畅不废。通惠河汇入北运河的河口处，就是通州古城北门外最著名的石坝码头。它是大运河北端第一座大型漕运码头，是体现通州运河文化的重要载体。明清时期，南来漕粮在此码头卸载，经通惠河转运至北京城内粮仓，该码头与通州城东关外的土坝码头并称"土石二坝"，地位非同一般，历史上颇负盛名。

清代，多位皇帝经通州去木兰秋狝、南下巡游或东陵祭祖，其中康熙、乾隆二帝次数最多，留下了许多诗句和史料记载，如康熙曾写

《潞河督运图》（局部-1）绘制于清乾隆年间，展现的是潞河及两岸的热闹景象

《潞河督运图》（局部-2）绘制于清乾隆年间，展现的是潞河及两岸的热闹景象

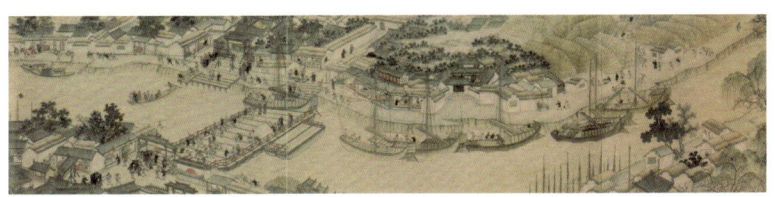

《潞河督运图》（局部-3）绘制于清乾隆年间，展现的是潞河及两岸的热闹景象

《潞河督运图》（局部-4）绘制于清乾隆年间，展现的是潞河及两岸的热闹景象

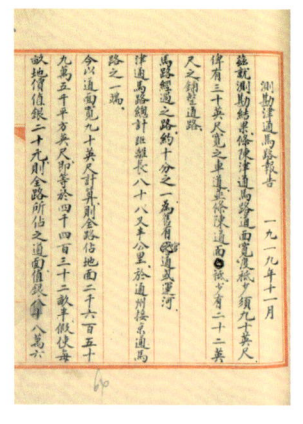

1919年勘测津通马路的报告

下描写潞河风光的诗句:"潋滟春波散碧漪,白苹初叶麦初歧。潞河三月桃花水,正是乘舟荐鲔时。"

清道光二十二年(1842年),鸦片战争后期,英军不惜代价攻占京杭大运河与长江交汇处的镇江,封锁漕运,使道光皇帝迅速做出求和的决定。不久后,双方签订了《中英南京条约》。

之后,运河几度淤塞,又几度疏通,但其地位终因清朝国力衰退和津浦铁路的全线通车而一落千丈。

民国时期,有人曾提出疏浚通惠河的建议,但后来,此项建议因北平沦陷而被搁置。

日本投降后,整理西郊水源的设想和北运河及通惠河实现通航的设想又被提上议事日程。但是,此项计划后来又迫于财政吃紧和平津地区的战事,而被搁浅。

三、通州的战略要冲地位

通州素有京师屏障、北京"东大门"之称。《永通桥碑记》载:"通州在京城之东,潞河之上,凡四方万国贡赋由水道以达京师者,必萃于此,实国家之要冲也。"通州历来为兵家必争之地,北京周边历史上的重大战事多涉及通州地区。

清咸丰十年（1860年）八月初七，英法联军分三路向八里桥一带猛扑。驻守八里桥附近的三万清军，由僧格林沁、胜保、瑞麟率领，挥舞着大刀长矛与英法联军展开生死决战。战至当晚，八里桥最终失守，清军死亡二三千人，通惠河血水流涌！

清光绪二十六年（1900年），八国联军入侵北京，清军与义和团民在通州张家湾、马头村一带共同抗击侵略者。据《通县志》记载："八月十日，帮办武卫军事务大臣李秉衡欲于马头村抗敌，但因援军未到，李秉衡率本部且战且退，退至张家湾。八月十一日，八国联军进犯张家湾，李秉衡亲率余部竭力抵抗，固守城池，无奈兵单力孤，战至最后吞金殉国，张家湾被八国联军占领。"

费利斯·比托拍摄的八里桥

　　1935年12月，日伪政权"冀东防共自治政府"在通州三教庙成立。1937年7月29日凌晨，驻通伪冀东防共自治政府保安队第一、第二总队和教导队千余名官兵举行抗日起义。起义部队击毙日本驻通特务机关长等日军二三百人，活捉了大汉奸殷汝耕。

　　在辽沈战役和平津战役中，通州都发挥着重要的战略作用。

　　通州有着深厚的历史文化积淀，作为北京城市副中心，其发展建设前景广阔。未来的通州必将是令人向往的生态之城、智慧之城、活力之城、人文之城。

第五辑

见证沧桑

东交民巷街区的漫漫回归路

一、从东江米巷到被迫设立的使馆区

东交民巷街区位于天安门广场东侧,东起崇文门内大街,西止天安门广场东侧路,南与前门东大街相邻,北至东长安街。元朝时的东交民巷属于城外,和西交民巷连在一起,统称江米巷。明成祖迁都北京,都城规模向南扩展,将其划入内城。在修建棋盘街时,将江米巷截断为东西两段,即东江米巷和西江米巷。其中东江米巷,即后来的东交民巷。

明清时期,在东江米巷西口北边设有礼部和鸿胪寺负责办理涉外事务,接待各国来使,那时在东江米巷中部偏西设有"四夷馆",住着藩属国的贡使,清朝改称"会同四译馆"。贡使们在馆中学习礼仪,与内地商人进行贸易活动。清代规定贡使居住以四十六天为限。康熙年间,根据中俄贸易协定,在东江米巷中部偏西还设有固定的"俄罗斯馆",专司接待俄国商队。清乾隆五十八年(1793年),经过十个月的航行,英使马戛尔尼率领的庞大使团带着开拓东西贸易的梦想来到北京,就住在会同四译馆。

清咸丰十年(1860年)英法联军侵入北京,清廷被迫签订了《北京条约》,英、法、俄、美等国在东江米巷街区设立了"钦差府",东江米巷也被外国人谐音为东交民巷。

俄国使馆

清光绪二十六年（1900年）义和团起事，在北京首攻的目标就是东交民巷。6月21日，义和团助清军围攻东交民巷街区，前后共五十六天。8月14日，八国联军攻破了北京的城墙，驱逐了包围东交民巷街区的义和团团众和清军。慈禧太后带着光绪皇帝匆匆"西狩"，史称"庚子国变"。

1901年9月7日，在东交民巷西班牙钦差府，奕劻、李鸿章代表清政府与英、美、日、德、法、意、俄、奥、比、西、荷十一国签订了丧权辱国的《辛丑条约》。《辛丑条约》第七款规定：该区"独由使馆管理，中国民人概不准在界内居住"。使馆区东至崇文门内大街,西至兵部街,南至内城南墙,北至东长安街,东西北三面围以高墙,北东二面又留出练兵操场,在这个范围内的原有官产无偿迁出,民居则由清政府出银三十五万两,强行收购。从此,这片原有的街巷包括其中的十三个衙门、六所府邸、祠堂和六座庙宇都被清政府赠予了占领者。

建立使馆区后,各国将使馆区的道路改称外国名,其中东交民巷被改名为"使馆大街"。当时使馆界外设有铁栅栏,四周建起了围墙和铁门,筑起了碉堡,不许中国人随便进入。各国利用"庚子赔款"对使馆区进行了全面改造,形成了一处欧式建筑风格的街区。使馆区的出现,重新划分了北京城的城市空间。

东交民巷东大门

东交民巷东北侧兵营

二、民国时期对东交民巷的收回之路

步入民国之后,东交民巷使馆区仍然在中国的政治舞台上扮演着重要角色。袁世凯称帝、张勋复辟、段祺瑞掌权、末代皇帝出宫等,每次重大事件的发动者都要尽力获得东交民巷街区某国使馆的支持或默许。1918年,第一次世界大战结束,德、奥两国撤销了在东交民巷的驻军,俄国兵营则在苏联成立后自动撤销。1919年5月4日,为抗议巴黎和会对我国的不公正待遇,愤怒的学生来到东交民巷使馆区请愿,但请愿最终遭到拒绝。

  1927年，国民政府宣布定都南京，各国使馆也相继南迁，东交民巷街区失去了往日的色泽，北京也从古都变成了故都。此时，全国上下要求收回使馆界以雪国耻的呼声愈发强烈。

  1928年6月15日，国民政府发表对外宣言，指出北京政府时期与各国所签订的各种不平等条约，"亦为独立国家所不许"。7月7日，国民政府外交部长王正廷对外发表宣言，宣布废除一切不平等条约，重订新约。迫于全市上下日益高涨的要求收回东交民巷使馆界行政权的呼声，北平特别市政府也拟就了筹划收回使馆界行政权的行文。1929年4月，国民政府向英、法、美等六国发出照会，要求各国废除领事裁判权。是年12月28日，国民政府颁布的命令指出："其（领事裁判

原意大利使馆旧照

原法国使馆旧照

权）弊害之深，毋庸赘述。领事裁判权一日不能废除，即中国统治权一日不能完整。"命令声称自1930年1月1日起，"凡所居中国之外国人民，现时享有领事裁判权者，应一律遵守中国中央政府及地方政府依法颁布之法令规章"。

从1928年至1931年，全国上下要求收回外国列强在租界行使特权的抗争，虽然具有一定的进步意义，但由于外国列强的无故拖延，成效不大。

后来，随着"九一八"事变发生，1937年北平陷落，南京国民政府乞求在外交方面得到外国列强的同情，无暇继续收回列强在租界的特权，收回外国租界的斗争暂告一段落。

1941年12月8日,日本发动太平洋战争。这时,英、美等国才认识到中国抗战对整个世界战局的重要性。同时,中国也对日、德、意正式宣战,宣战时便发表声明废止与这三国间签订的一切不平等条约。

1943年1月11日,国民政府驻美大使魏道明与美国国务卿赫尔在华盛顿签署了《中美新约》。同日,国民政府代表宋子文与英国代表薛穆、黎吉生在重庆签署了《中英新约》。这两个条约废除了《辛丑条约》中给予英、美两国的一切特权,其中便包括终止英、美两国在北平使馆界的特权,中方收回租界区的管理权和官有资产。

后来,国民政府又与比利时、加拿大、荷兰、法国等国政府签订条约或换文,声明取消其在中国享有的特权。关于收回北平使馆界的问题,在与各国签订的新约中,均有相应条款。

不过,当时中国的抗日战争正在进行,北平使馆界已被日军占领,收回工作被迫暂停。

日本投降后,国民政府收复北平时,将使馆界一并接管,成为北平市行政区的内七区。当时界内各国房产共一百五十七所,每所房屋自数十间至八百余间不等。英、美、法、苏、比、荷等国驻华外交机构已自动复原,在各国使馆原址设立使馆驻北平办事处或领事馆。

1945年11月24日,国民政府行政院公布了《接收租界及北平使馆界办法》。此项办法公布后,英、美两国驻华使馆即提出异议,认为此项办法系片面接收,要求中国政府邀请有关国家组织共同委员会办理交接。后经外交部与英、美驻华使馆达成协议,由过去使馆界的驻华使馆推荐外籍顾问美国领事傅瑞门、英国领事郝戈登、法国领事贝雨时、比利时领事白乐逸、荷兰领事柏克曼参加清理工作。1946年7月成立了"北平使馆界官有资产及官有债务义务清理委员会",设在西班牙使馆原址,将接收与清理工作结合进行,由市长熊斌(后由市长何思源)任主任委员。

按照《清理委员会组织规程》规定,清理工作应于清理委员会成立一年内办理完竣,但清理工作自1946年7月开始后,直到1947年12月才基本结束。1947年12月26日,在北平市政府西花厅举行了《北平使馆界官有资产及官有义务债务清理委员会与外籍顾问协议书》的签字仪式。历时一年半的北平市政府收回使馆界工作,至此宣告结束。

三、东交民巷街区的新生

1949年北平和平解放后,受阅部队与群众游行队伍曾从东交民巷旧使馆区穿过。按照国际惯例,一个新国家或新政权诞生时,应将国家元首的建国公告尽快送达各国政府。所以,当时在北京市东交民巷办公的中央外事组便把开国大典后的中华人民共和国诞生公告和相关公函,向苏联、美国等八个国家原驻东交民巷街区的外交代表机构送达。10月2日,苏联成为与我国建交的第一个国家,其使馆还设立在原来东交民巷的位置。1950年1月6日,北京市军事管制委员会颁发布告,征收接管了使馆区,其后陆续与我国建立正常外交关系的一些国家,继续在东交民巷建立使馆。其中,缅甸在原比利时使馆位置建馆,匈牙利在原奥匈使馆位置建馆。在东交民巷东口,原德国兵营位置建起了新侨饭店。从1959年按照中国政府的安排,东交民巷街区内

的各国使馆陆续迁出，直至20世纪70年代新使馆区建成后，这里的使馆功能才告结束。20世纪80年代以来，随着城市建设的发展，一些老建筑因拓宽马路等原因被拆除，并兴建了很多高层建筑和现代建筑。目前东交民巷街区是北京市文物保护街区，受到文物部门的保护。

实说老天桥

一提到天桥,老北京人总有说不完的话。自打2004年重新修建了永定门之后,仅过了九年,又使天桥这座历史建筑实现了"新生"。看来人们正在以复建历史文化载体的方式,搭建着发展与记忆的桥梁。

复制后的天桥

一、天桥的桥

　　天桥始建于何年,史无详载。早在元朝,这里是大都的南郊,为一片水域沼泽地带。明永乐十八年(1420年)修建了天坛后,在元大都中轴线的延长线与城外河流的交汇处建起了一座单孔拱桥,以通"御路"。桥用汉白玉石料砌成,桥面用石板铺就,桥长约八米,宽约五米,桥基呈八字形,桥身东西两侧各五根栏柱,桥孔券洞上雕有螭头以镇水。在石桥两边各搭一座木板平桥,中间的石桥平时用木栅栏封挡,专供皇帝祭天时坐轿通行。可见这座石桥当时纯属礼仪用桥,而不是交通用桥,除了皇帝其他人只能走木桥。

　　明嘉靖年间,为防御北方蒙古族的袭扰,将北京城"南扩北缩",加筑外城至永定门一线,过去的南郊地区被圈在了外城里。为建造外城的城墙,明朝的统治者命人将那里大片的水泽填平,但因地势低洼,那里仍是一片易于积水的地带。而一遇到旱季,那里地面的浮土遇风则起,严重袭扰环境。

　　到了清雍正年间,天桥正式得名。而这里的环境并未得到改观。据《清会典事例》记载:"雍正七年谕,正阳门外天桥至永定门一路,甚是低洼,此乃人马往来通衢,若不修理,一遇大雨,必难行走。天桥起至永定门外吊桥一带道路,应改建石路,以期经久。"

　　直到清乾隆五十六年(1791年),乾隆在这里修渠以后,使这里的环境大为改观。乾隆皇帝也对他晚年的这一力作倍感欣慰,亲自题写了《正阳桥疏渠记》，刻在立于天桥桥头东侧的方碑上。碑文中说的都是天桥以南的事情，可题目却是"正阳桥"，可见乾隆把天桥看作"第二正阳桥"。

乾隆皇帝又把清乾隆十八年（1753年）立在永定门外燕墩上《帝京篇》的方碑再刻了一座，立于天桥桥头的西侧。这样，天桥桥头的东、西两侧就有了两座尺寸、形式完全一致的石碑，形成了一河、一桥、双碑组合的格局，而这种格局恰好符合古代都门制度的形制。

天桥地区多酒肆、茶馆、戏园，是商贾、外来人员聚集之地，难于管理。天桥至永定门的河渠直接连至外城护城河，二十余丈宽的河渠加上沿岸的树荫及城门水洞等，都容易出现防控的漏洞，于是清王朝下令"湮河流，填土入之"。

而到了1927年，经过旱灾后被改成矮石桥的天桥又因为要铺设电车轨道，其桥身再度被修平。1934年时，天桥两旁的石栏杆被全部拆除，桥基被埋入地下，天桥从此匿迹。

二、天桥的艺

民国年间，天桥地区曾经是北京最大的市井娱乐中心。许多艺人在天桥撂地表演，流行于中国北方的各种民间艺术形式在这里都能找到。

1924年，由于修建和平门外大街，原本在海王村举办的厂甸庙会曾经与天桥市场合并，由此在天桥地区逐渐形成了以百样杂耍、小

修缮正阳桥

复制后的正阳门疏渠记

食、低档日用消费品为主的综合市场。这个时期，出现了所谓"天桥八怪"，成为天桥发展史上的一个里程碑。他们的表演成功及绰号的获得，标示着观众的认可，天桥的百样杂耍表演已成为该地区文化及北京社会底层市井文化的一个标志。

旧时的天桥，沿袭了平民市场、贫民区以及逐渐形成的交通枢纽的地理优势，每天都有武术、硬气功、摔跤、杂技、盘杠子等撂地表演的摊子。这些"把式"大多先是嘴上滔滔不绝，把观众吸引得里三层、外三层之后，才肯表演真功夫，所以就有了"天桥的把式——光说不练"这句歇后语。

当时在天桥的各种表演非常迎合底层市民的欣赏口味，其中有评书、相声、评剧、梆子、大鼓书等曲艺节目，也有洋片、魔术戏法、训蛤蟆等表演。

从北洋政府时期一直到1937年卢沟桥事变，是天桥民间艺人表演日趋成熟的黄金时代，大金牙、云里飞等人成为其中的领军人物，同时新世界游艺园等现代游艺设施的兴建，不仅提高了天桥地区的整体品位，同时也使天桥进一步成为北京城的娱乐中心。

在天桥文化中，尤其值得一提的是戏棚。当天桥撂地卖艺的艺人积攒一定收入后，便会组成自己的戏班并兴建戏棚，在固定场所演出。天桥的戏棚最多时达到了三十多家，这些戏棚大多以芦席、铁皮板等为主要建筑材料，堆土为台，戏棚规模有的可容纳七百至八百人左右。京剧名角荀慧生、评剧名角新凤霞都是从天桥戏棚中走出去的艺人。

而在天桥谋生的多数艺人并非出自艺人世家，他们是社会变迁所导致的社会流动的结果。不过，聚集在天桥的艺人无论在外表上或在

拉弓

骨子里都沿袭了民间艺人、江湖艺人的讲义气、敬拜祖师爷、豪侠放任、遵守行规及禁忌的习性，而他们为维持生计的凄苦以及其对于身心的折磨难以用语言来形容。

  日本侵略者侵华时期，市井萧条，百姓生活水平下降，以杂耍和娱乐业为主的天桥也受到了冲击。这时候惨淡经营的尚有天桥贫民窟的爱邻馆、天桥影院、吉祥影院、天桥茶社、天桥德盛轩、新民茶社以及天桥市场内开设的临时小电影席棚。

抗日战争结束后,天桥在国民政府接收后的北平城中成了一个鱼龙混杂之地,艺人们经常受到官僚的侵扰。

1949年后,北京市政府对天桥进行了整治。1954年至1959年,市政府又对天桥剧场进行了改扩建,使这里成为演出电影、戏剧、戏曲的场所。

1957年,天桥市场虽然修建了铁罩棚,但天桥的艺人们已大多不

杂技

在这里聚集,他们有的改行,有的成为文艺骨干或运动员,代表天桥地区市井文化的载体消失了。

三、天桥的魂

1949年后,天桥地区的面貌发生了翻天覆地的变化。1956年自然博物馆开始筹建,占用了这里的大块土地,使北京增加了一块科普园地。

公私合营后,天桥传统民俗娱乐业已渐渐远去,余下的工、商业人员成为这里的主力军。

虽然天桥的传统民间娱乐业,仍在人们的魂牵梦绕之物,但此时的天桥早已换了"人间"。人们尝试着成立天桥魔术小组,但终因技不如人,不得不撤销。后来成立的天桥民间艺术小组,虽然也曾到日

1959年的天桥

本进行演出，但最终没有得到发展。据说，1992年，曾有建天桥演艺区的计划，"但因人口密度大及经济原因的限制搁浅了"。直到天桥地区启动了拆迁改造工程，一时间天桥搬家公司的生意火爆。1992年，合资经营的"天桥乐茶园"获得立项，后被北京德云社文化传播有限公司收购，现为德云社的大本营……

这时，人们带着能否恢复老天桥味道的复杂心情，对此有所期盼。可改造后的天桥保留下来的仅仅是一个耐人寻味的地名，人们感叹道：过去的天桥真的翻篇儿了……

过去的虽然已经翻篇儿，但新的篇章却已经展开，未来将有无限的可能在等待着天桥。

想起白塔寺一带

前几日同学聚会，提起了我们上学的地方——白塔寺以北的东廊下胡同。说起来奇怪，过去我们上学，每天都要路过白塔，以致熟视无睹。后来，我工作在东城，而今又到了南城，白塔似乎离我越来越远，可每当在画上或是在书里看到有描绘这座白塔的文字时，总会从内心深处涌出一丝倍感亲切的情愫，时而会静下心，闭上眼睛想想少年时心中的白塔，回忆起这个地方，以至于欲罢不能急切地去翻看一下有关这里的档案史料，让心中的记忆与档案史料一起鲜活起来。

一、白塔大修时的惊人发现

白塔寺学名"妙应寺"，位于北京西城区阜成门内大街路北171号（老门牌25号），是一座藏传格鲁派佛教寺院，初名为"大圣寿万安寺"。寺内建于元朝的白塔是中国现存年代最早、规模最大的覆钵式塔。

1976年，由于受唐山大地震的影响，妙应寺白塔的宝顶向东北方向倾斜，支撑华盖的相轮"十三天"上部砌体严重崩塌，塔身的白灰层大面积脱落。

1978年7月开始，文物部门对白塔进行了全面修缮。10月2日，发

白塔寺照片

现在白塔塔顶里储存着许多经书和箱盒等文物，原来它们就是清乾隆十八年（1753年）修缮白塔时存留在白塔顶部鎏金小境内的镇塔藏品：七百二十四函龙藏新版《大藏经》；乾隆帝御笔《般若波罗蜜多心经》、藏文《尊胜咒》各一份；三尊各高二十厘米的铜质三世佛像；装满了八宝、念珠、各朝各代货币的四个银瓶；一尊黄檀木整雕连龛观音像，像下面有一个圆形小钵，内藏三十三颗舍利子；一尊精雕细刻的小赤金舍利长寿佛，高五厘米，全身镶嵌四十多粒红宝石；一套五方佛冠和补花锦缎袈裟，上缀千余粒珍珠、珊瑚珠、檀木珠和蓝红宝石；蓝、黄、绿三色丝织的大哈达，长五百三十厘米，宽七十六厘米，上织"八宝"图形和藏文等。大小箱子都按佛、法、

僧三宝的规矩顺序安放着。这批国宝级的文物琳琅满目，令人叹为观止！

接着，人们在塔顶天盘内的一个夹缝中又发现了一篇署名为罗德俊的手稿，这篇手稿记述了日军侵华的事实。由于1937年民国政府曾对白塔进行过修缮，因此可以认定这篇手稿就是当时修缮时放入塔顶的。手稿的纸张因年代久远而发黄，但上面的字迹清晰可辨，其内容是："今年重修此塔，适值中日战争。六月二十九日，日军即占领北京，从此战事风云张满全国，飞机大炮到处轰炸，生灵涂炭，莫此为甚，枪杀奸掠，无所不至，兵民死难者，不可胜计，数月之中而日本竟占领华北数省。现战事仍在激烈之中，战事何时终了，尚不可能预料，国家兴亡难以断定，登古塔，追古忆今而生感焉，略述数语，以告后人，作为永久纪念。民国二十六年十月初三日罗德俊。"这一文物的发现，在当时学术界引起了很大的轰动。民国二十六年就是1937年，农历六月二十九日正是8月15日，而农历十月初三日则是11月13日。

人们在研读这封书信内容的同时，也在查考这位罗德俊先生是何许人，但终因年代久远，无从考证，我们只能臆想罗先生有可能是当时修缮工程的管理者，但毫无疑问的是，他一定是一位对祖国充满热爱的中国人。

二、热闹的白塔寺庙会

白塔寺庙会形成于清末民初时期,僧人们将配殿和空地出租,使之逐渐成为北京著名的庙会。清末人夏仁虎所著《旧京琐记》云:"京师之市肆有常集者,东大市、西小市是也。有期集者,逢三之土地庙,四、五之白塔寺,七、八之护国寺,九、十之隆福寺,谓之四大庙市,皆以期集。"可以看出,农历每月逢四和五就举办庙会,可见白塔寺庙会的频率之高。

若是逛白塔寺庙会,远远地就能看见白塔寺山门前小广场的热闹场景。据记载,有庙会时,门前有卖冰糖葫芦的、卖年糕的、卖老豆腐的,山门的东西两侧还有卖茶汤的。

进了山门,一进院有钟楼和鼓楼,钟楼和鼓楼向北的东西两个方形门直对着庙内的两条通道,通道两边都是摊位,一直向北延伸到白塔塔院的院墙。

庙会期间,白塔寺由于中轴线和殿前、殿后的月台,甬道上不宜摆摊,所

山门前的摊贩

以，庙内摊贩基本上分东西两路和塔院西侧三部分。

进入东路的方门，有卖绢花、头巾、毡帽、礼帽的，再向北是卖针头线脑、日用小百货的。进入西边的方门，是卖鸡毛掸子的，再往里是食品摊，年糕、莲子粥、艾窝窝、驴打滚、蜂糕等一应俱全。在两条通道中间，是卖锅碗瓢盆、小缸大瓮、案板菜墩等生活用品的。《旧都文物略》中说："白塔寺的木碗花草，土地庙的木器竹器，皆属特有。"

庙会一直延伸到寺庙里面。在第一大殿天王殿后面有卖布匹、衣服鞋帽、梳头篦子的，也有卖脸谱面具、小腰鼓、小铜锣、小铜镲等各种玩具的，这其中老北京的"兔儿爷"是逛庙会的人们最喜欢的。

在第二大殿意珠心镜殿的月台上，东面是说书艺人张秀峰的场子。张秀峰，艺名"小蜜蜂"，早年在白塔寺唱过西路评戏，后来改唱滑稽大鼓，以长篇《刘公案》为拿手好戏。月台西面是说评书的阿阔群的场子，他在此说过评书《小五义》等。

白塔寺塔院的西侧院，民间艺人聚集，有耍戏法的、变魔术的、练硬气功的、耍中幡的、卖大力丸的、打把式的……除此之外，还有唱小戏的、唱杂曲的、演双簧的……南墙前面还有一个用砖砌的土戏台，那里是唱评戏的地方。在西侧院除了可以看热闹，还有风味小吃可以品尝，有扒糕、凉粉、年糕、糖葫芦、杏干……

三、存车费比摊位费还贵

由于白塔寺庙会是当时京城最热闹的庙会之一,从四面八方来赶庙会的人很多。若是骑自行车来,存车费就是一项不小的开支。1936年,经北平市公安局批准,每于隆福寺、护国寺、白塔寺等庙会期间,设立自行车存放处,并制定了规章。

规章规定:每日上午8时起至晚8时止,无论何人车辆均可在本处存放。凡存放自行车者须将姓名、上捐牌号注记在簿内,并购取号牌,本人亲视将号牌拴好后始可离开。此项号牌须加意收存,切勿遗失或交付他人,临行时凭牌对号取车,但必须自己指认本车,以防冒领。

每存车一辆购牌费收铜元八枚,当日一次有效。凡存车时表示当日取,而次日来领者,补缴牌费铜元八枚,存放日多,按日递加。

可当时在庙内的摊位费,每日才三枚铜元,可见存自行车的费用远高于庙内的摊位费。但要知道,当时自行车也算稀罕物,不是一般人家买得起的。

庙会的摊贩

四、白塔寺重新开放

卖日用品的摊儿

20世纪30年代的白塔

20世纪50年代,北京只剩下白塔寺庙会、护国寺庙会和隆福寺庙会了。1951年,隆福寺庙会改为常年营业的东四人民市场。此后,北京只保留了白塔寺庙会和护国寺庙会。白塔寺庙会开庙会三天,然后再转到护国寺开庙会四天,每七天轮换一回。公私合营以后,直至1960年白塔寺庙会被取消。

1966年后,白塔寺内的喇嘛被遣散,庙内除了寺院主路的建筑,大多数建筑成了民居和工厂,塔西还建了豆腐房,庙的山门被拆除,并建了一家副食品商店。大门和钟鼓楼都被拆除改建为商场,寺内的其他地方被机关单位使用,大量文物遗失或被损毁。

1962年的阜成门内大街

1997年,北京市政府提出"打开山门,亮出白塔"的口号后,拆除了白塔寺山门处建的副食店,重修了山门和寺内建筑。1998年,经北京市人民政府批准,妙应寺终于重新开放。

话说崇内

走进位于北京崇文门内、北京站西侧的崇内社区,你会发现"历史文化遗产"可谓俯拾皆是。这里的人文环境就像一座京城东南的"原生态"立体博物馆,走进任意一条蜿蜒曲折的胡同、一个外观破旧的门楼,都会看到一些独具特色的古老建筑,听到许多动人的历史故事。

由崇文门十字路口向东行,经过一块"三角地",你就可以见到马路北侧的一段已经暂时修复的残破城墙,那就是著名的明代城墙遗址。

元代,修建的大都城南城墙位于如今北京的长安街南侧一线,现在的崇内社区,在那时还属于"城外"。明永乐年间,明成祖朱棣决定把都城从南京迁往北京,开始营建京城,将元代北部的城墙向南缩了五里,南侧城墙向南扩至如今的前三门大街一线。至此,现在的"崇内社区"才被圈进了城里,位于北京城内的东南。

一、崇文门忆旧

现在崇文门十字路口的这附近,原来矗立着一座巍峨的城门,叫"崇文门",民间俗称"哈达门",是明永乐十七年(1419年)拓建北京城后的京城正面左首城门。由于当时崇文门外多水患，所以内城其他八个城门都打点，而唯有崇文门敲钟，以取镇水之意，故有"九门八点一口钟"之说，使崇文门蒙上了一层神秘的面纱。

在明代和清代，人们若要进入内城做大生意，按规定都要经过崇文门，所以在崇文门设立了"京师税务衙门"，专收货税。清朝的权相和珅、慈禧太后的胞弟桂祥都曾任过崇文税关总督，据说，那是个肥差。

清光绪二十六年（1900年）庚子之乱，崇文门箭楼毁于英军炮火，清光绪二十七年（1901年）英军炸开了崇文门瓮城的东、西墙，结果这个炸开的地方后来被用来建环城火车道。1920年，英国人拆除

崇文门旧影

了残存的箭楼废墟。1950年，崇文门瓮城被拆除。1968年，由于交通等原因崇文门被拆除，自此崇文门彻底退出了历史舞台。而今，当听到崇文门的地名，仍有不少老人能讲出关于它的许多故事。

二、崇内商街

进了崇文门向北便是北京著名的商业街"崇文门内大街"，这条街自明清以来一直是商铺林立，买卖发达。到了清末，崇文门内大街的街西被划入外国使馆界后，这条街道的面貌发生了很大变化。为了满足那些外国人的需要，大街的铺面上冒出了不少洋品牌，许多建筑

崇内大街旧貌

的风格也都跟着西化了，还有不少外国人也在这儿做起了买卖。比如：那座有名的"法国面包房"的经理，其实是希腊人；而"巴黎饭店"的老板原是天津人，妻子则是德国人，实属"中西结合"。这一带还有许多带"洋味儿"的地方，像银行、洋行、德国饭店、国际观光局等。

三、崇内的胡同

崇内社区的面积不大，目前，辖区内还存有十三条胡同。旧时这一带河道纵横，沟壑甚多，因此有一些街巷名称与"水"有关，像"船板胡同""后沟胡同""鲜鱼巷"等。北京有许多胡同的得名与周边的环境、人物、事件有关，时常还带有很大的随意性。比如，位于崇文门内地区的镇江胡同、苏州胡同和曾经叫扬州胡同的洋溢胡同，估计它们都与明朝的那几次南方移民有关。崇内社区的"姚铸锅胡同"，想必这里曾住过一位姓姚的铸锅匠人，而今，这条胡同已改叫"治国胡同"了。这里还有一条胡同曾经叫"巴巴胡同"，就是拿小孩的大便给胡同起的名，实在有点儿不严肃，所以后来改叫了"八宝胡同"，听上去一本正经，若略加联想，依旧让人忍俊不禁。

还有那条镇江胡同，早年可以说是"新闻媒体街"，清光绪三十年（1904年）创办的《北京报》的社址就在这里，到了清光绪三十三年（1907年）它改名为《北京日报》；民国初年，《北京白话报》

西镇江胡同里的小洋楼

《北京午报》《北京夕报》《燕京报》《文艺杂志》等报刊的印刷业务，都由《北京日报》的印刷所承担，可见其实力之雄厚；后来《女学日报》的社址也在这条胡同设立，而《华京日报》的社址、《北平日报》营业处和《国民新报》的社址也在附近设立……

中华人民共和国成立后，这一地区发生了很大变化。1959年在崇内地区的东侧拆除了大片胡同，用七个月的时间建设了北京火车站，创下了建筑史上的奇迹。1965年在修筑北京地下铁路时，由于采用明挖工艺，也拆除了许多胡同建筑，形成了现在的北京站西街。

四、北京最小的博物馆

从崇文门内大街进入小报房胡同的西口，迎面就是一排很不起眼的平房，很难想象，倒退一百多年，这里曾是大清邮政总局的所在地。清光绪三十三年（1907年），邮政总局迁往东长安街，这里便成了分局，当时胡同口还立着一个牌坊，上书"大清邮政分局"一排大字，显得威风凛凛。1920年这里被更名为"崇文门大街邮局"。直到20世纪90年代，有关部门对它进行了修复，建为北京邮政博物馆。这也许是北京城里最小的博物馆了，平房三间，只有

小报房胡同的大清邮政分局牌楼

靠南面的一间半作为展室。展室虽小，却系统展现了中国悠久的邮政历史。从秦汉时期的驿使、驿站直到中华人民共和国成立以来的现代邮政事业，既有难得一见的历史照片，也有珍贵的邮政文物。而这三间平房本身，就是京城百年邮政史的缩影。

五、老胡同中留下众多名人足迹

崇文门内这片地区，成为城区的时间，比元大都晚些，又比明代

北京外城的城区早些,"不前不后"说来也有五六百年了。仔细搜寻,会发现许多名人留下的足迹。

明朝大臣、文学家杨慎,是明正德六年(1511年)的状元,于明弘治元年(1488年)出生于这里的孝顺牌胡同(现在改为晓顺胡同),"滚滚长江东逝水,浪花淘尽英雄……"这首脍炙人口的"歌词"应是妇孺皆知,而这首词却是写于五百年前,作者便是这位杨慎,词牌名为《临江仙》。

在近代名人中,首先应当提到的是中国的大文豪鲁迅先生。鲁迅牙齿不好,经常到位于八宝胡同一所日本医生开设的伊东牙医院就诊。据说,伊东的医术不错,后来鲁迅还带着他的母亲来此治疗过牙病。

1917年7月1日,辫子军统领张勋进京拥退位的末代皇帝溥仪复辟。为抗议复辟活动,周树人(鲁迅本名)愤而辞职。后来临时执政的段祺瑞出兵"讨逆",战火顿起。周树人在7月7日的日记中叙述道:"……同二弟移居东城船板胡同新华旅馆……"以避战乱。由于"觅食甚难",甚至断炊,所幸老朋友齐寿山在不远处的镇江胡同开有一家粮食店,方可"得一餐"。经过这段艰苦的磨炼,一年后,在朋友的劝导下,他愤而写出《狂人日记》,并署名"鲁迅",就此成长为一代文豪。

在船板胡同里,还曾住过一位影响中国历史进程的重要人物——冯玉祥。20世纪二三十年代,他曾在原船板胡同21、22号(老门牌)居住。后来,他将这所宅院送给了他的兄长冯基道。

观音寺街的人烟往事

在北京市档案馆有一幅长达五米,1932年绘制的观音寺街蓝图,图中标注它东起煤市街,紧邻大栅栏,西边是一个Y字形路口,分别连接着李铁拐斜街和樱桃斜街,北侧则是以会馆、书局著称的杨梅竹斜街。正是特殊的地理位置,注定了这条街的不平凡。

一、且说观音寺街的观音寺

观音寺街的名字源于在街的西头儿有一座观音寺,这座观音寺除了接受人们的顶礼膜拜,还见证了它眼前这条商业街的沉浮往事。观音寺的山门坐西朝东,正对着观音寺街。寺庙建于明朝,具体年代已不可考,清乾隆二十九年(1764年)对寺庙进行过重修,以后又历经了道光、光绪及民国时期的重修。由于当年观音寺的庙会规模较大,为这条商业街的形成和繁荣奠定了基础。1931年观音寺的庙产登记中记载:观音寺的门牌是52号,占地为前面南北宽三丈多,后面南北宽六丈多,东西长二十多丈,殿宇房屋共计五十八间,其中,佛殿十一间,群楼上下有四十四间。当时寺庙的住持为三十三岁的定源。寺庙里供奉着释迦佛、韦陀、观音像、大悲像、关帝像以及十八罗汉等,各种法器和碑记也是一应俱全。而今这座寺庙虽然历尽沧桑,仍保留

观音寺街牌坊

了主要的建筑遗存，有待人们的修缮与呵护。

二、鼎和居被摘下匾额

1914年，坐落在观音寺街的鼎和居饭庄经历了灭顶之灾，原因是鼎和居的铺东姚爽斋欠了孙作善的债，无奈之下将鼎和居的铺面抵押出去，鼎和居宣告倒闭。倒闭后的鼎和居被查封拍卖，买主为利大昌银号的吴荫亭，吴荫亭出银五千两购得鼎和居的铺底、家具。遵照大理院的判决将五千两中的四千八百两偿还给孙作善，再征收诉讼费三十两，车费、鉴定费一百七十二枚铜元，最后将可怜的余款归鼎和居的铺长张伯平。

但是要将鼎和居的牌匾摘下来可不是一件小事，因为对于老北京来说，鼎和居是享誉北京餐饮业的八大居之一，摘下鼎和居的牌匾就相当于八大居里少了一居，从情感上难以让人接受，所以被市民吵得沸沸扬扬。这件事惊动了京师警察厅总监吴炳湘，一旦这牌匾摘不下来，就意味着京师警察厅的威信扫地。于是，他命令外二区警察署署长英熙亲自督办，出动巡长、巡警当场宣布京师地方审判庭的批示，并将铺底、家具点交给新业主吴荫亭，再命人爬上去将鼎和居的匾额摘下，至此鼎和居彻底退出了这条商业街。铺东欠账连累了店铺，踌躇满志的铺长张伯平只能自认倒霉。

三、张一元的创新营销

从北京市档案馆收藏的1932年的观音寺街蓝图上看,观音寺街32号是张一元茶庄,说起它大家都不陌生,它家的茉莉花茶是老北京人最得意的一口儿,如今张一元的店面已是遍地开花,而张一元的发迹就始于观音寺街。

清光绪二十六年(1900年)庚子之乱后,安徽人张昌翼,经过数十年的辛勤劳作,在观音寺街开办了自己的茶庄,起名"张一元",并请大实业家冯公度题写了匾额,取"一元复始、万象更新"之意,寓意开业大吉。由于张昌翼为人实在、厚道,极重商德,凭质量和周

张一元诞生地现在的牌匾

到的服务开创了字号，口碑极佳，此后十年间，连开三家茶庄。然而，在这些大同小异的经营理念背后，还有一套张一元创新的经营手段。比如，当时张一元设有电话和函购业务，凡购买茶叶五斤以上者，可以送货上门。另外，张一元茶庄还用高音喇叭播放歌曲、戏剧等来招徕顾客。每次播放彭素海演唱的西河大鼓《三下南唐》时，门前总是围着一群人，显得买卖红火，同时，对于商家来说，这又是口耳相传的工具和潜在的客户群。入夜，张一元茶庄就会亮起在当时京城里还是凤毛麟角的霓虹灯，在众多商号逐渐黯淡下去的时候，张一元却显得独树一帜。

四、美最新鞋店被"新"排挤

1932年观音寺街的蓝图上标注的门牌7号为美最新鞋店，而在1948年的户口调查表上这里却是永兴货栈，美最新鞋店则出现在胡同南侧的97号。

在许多观音寺街的老照片上，可以看到美最新鞋店紧邻观音寺街牌坊，当年由河北省青县人鲍国荣经营的美最新鞋店有一座三层小楼。商店设在一层，二层是作坊和店员的住处，三层供鲍国荣家人居住。当时由于地理位置优越，并且经营得当，美最新鞋店在这里也是名噪一时。1938年鲍国荣去世，美最新鞋店由其子鲍景雯接手经营。不久，马路对面的107号易主为馨九霞鞋店，开始了与美最新鞋店面对面地竞争。为了吸引顾客，馨九霞鞋店不仅大力引进时尚货色，还

原张一元铺面，现德缘烤鸭店

经营美最新鞋店的鲍国荣一家

雇用了乐队,经常在门口演出。所以,馨九霞鞋店的顾客常常络绎不绝,生意非常红火。而马路对面的美最新鞋店经营的一直是传统产品,又缺乏得力的宣传手段,显得门庭冷落,生意日渐萧条。1946年,鲍景雯不得不将那栋三层小楼卖给了永兴货栈,带着伙计十人,购买了马路对面的小门脸惨淡经营,直至退出观音寺街。

五、福兴居的不了情

现在大栅栏西街37号的老墙上还保留了一些老匾额和老砖雕。老牌匾上写着"福兴居"三个大字,而在旁边的砖雕上面写着"福兴居南北酒席,内设旅馆"。福兴居最早创建于清道光年间,是一家专门经营淮扬风味的餐馆。据说,"福兴居"的名菜有:黄焖鳝鱼、清烩

观音寺街牌坊旁边的美最新鞋店

福兴居老建筑

鳝丝、烹调爆鱼、翡翠羹等，而最出名的要算鸡丝面了。1932年观音寺街的蓝图上，福兴居的门牌是21号。由于福兴居的楼下是被分割成几间的单独门面房，所以在这里同时经营的还有泰德号、久和隆号。可惜，近百年的"福兴居"于20世纪30年代末歇业了。1948年的户口调查表上显示，在这里经营着老万年银楼、志成布店、东昇祥旅货栈和正丰服装行。

戏剧家许姬传著的《许姬传七十年见闻录》中记载：1951年，梅兰芳率团到沈阳演出时收到一封信，主要内容说的是四十年前，写信的人受人之邀，曾与梅兰芳在福兴居同桌吃过一顿饭，信的结尾

写道:"现已多年不见,甚为怀念……如不弃时,赐晤一谈,是为至盼。"

写信的人正是小凤仙,对于四十年前的一面之缘,在历经沧桑巨变之后,小凤仙一直念念不忘,也许这本身就是一种不了的情缘吧。

观音寺这条既传统又时尚的商业街,就像一座展现世间百态的舞台,演绎出许多耐人寻味的悲喜剧。而今,大栅栏西街每天依旧熙熙攘攘,游人如织,街上的观音寺街牌坊和一些老建筑仿佛向人们述说着这里的如烟往事,而那些竖立在老建筑旁的说明牌,则更能使人驻足关注。看来历史街区保存的不仅仅是那些老建筑啊!

说说炮局和炮局胡同那些事

过去老北京有句俗话:"你再不老实,就给你送到炮局去!"这里的炮局指的是炮局监狱,因为炮局胡同里确实存在过一所监狱,这所监狱至今尚有遗存。

一、大大小小的"炮局"

清代,北京雍和宫东侧柏林寺一带归镶黄旗管辖。乾隆年间,在寺庙东侧的"官地"内设立了一处占地面积很大的铸炮厂,俗称"炮局"。后来清廷开始进口洋炮,国产大炮没了用场,"炮局"废弃,于是这里成了收存大炮、废炮和军械的仓库,正是由于这里曾经是铸造大炮的"炮局",所以在清代末年称为"炮局胡同"。

说到"小炮局"就不能不说过去北京胡同的重名很多,为了有所区别,必须要在胡同的名称前加上这条胡同所属的区域或是加上一些前缀。比如,在安定门内大街路西还有一条叫"炮局"的胡同,为了区别于相隔不远、位于柏林寺东边的那条"炮局胡同",它就只能叫"小炮局胡同"了,因为它的确不长,住户也相对较少,而且现在这条胡同早已没了踪影。

再说"花炮局"。过去北京人管制作烟花爆竹的厂商叫"花炮

局"或"花炮作"。北京的花炮局大多集中在外城,以作坊式的前店后厂居多。当时在京城比较著名的有顺成号花炮作、永庆号花炮局、德聚号花炮局、九隆斋花炮局以及五和成花炮局等。

二、炮局的故事(一)

今天人们所指的炮局胡同,位于北京市东城区的东北部,属于北新桥街道办事处管辖。胡同呈东西走向,西端南折,东起东直门北小街,西至柏林胡同,南与后永康北巷、后永康一巷、后永康二巷相通,北与炮局头条相通。

清末,位于炮局胡同的炮厂旧址被改建成关押人犯的监狱,民国时期乃至1949年后还一直沿用。民国时期,这里被称为"北平陆军监狱"。1934年11月,国民党特务勾结天津法租界工部局将爱国将领吉鸿昌、任应岐引渡到北平陆军监狱监禁。

同年11月24日晨,监狱接国民党中央军令:"以吉、任累次逞兵作乱,危害民国,通缉有案。更在津勾结共产党,应即按照《紧急治罪法》将吉、任二犯执行枪决。"

在就义的前几个小时,吉鸿昌给夫人及亲属留下最后遗嘱,吉鸿昌在其中写了一首气壮山河的五言绝句:"恨不抗日死,留作今日羞。国破尚如此,我何惜此头。"

任应岐神情自若,留下遗书,在最后写道:"大丈夫有志不能申,有国不能救,痛哉!"表现出抗日救国的铮铮铁骨和浩然正气。

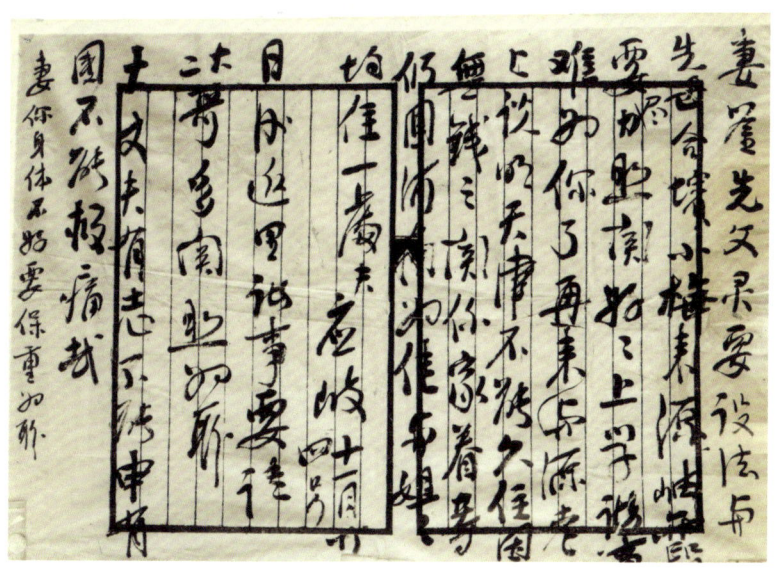

任应岐遗书

下午13时，在北平陆军监狱，身着黑呢子大衣的任应岐与身披青色呢斗篷的吉鸿昌，都拒不戴刑具，坚持以坐姿，怒目迎视敌人的罪恶枪口，大义凛然，从容就义。吉鸿昌时年三十九岁，任应岐时年四十二岁。

1939年6月，毛泽东在《反投降提纲》一文中对任应岐等人坚持抗战给予了高度评价。

1934年11月27日《大公报》

三、炮局的故事（二）

日本侵略者侵华时期，北平陆军监狱成了日军井上部队的驻地。1939年4月，日军北京陆军特务机关照会北京市公署提出借用炮局胡同日军井上部队墙外东侧的空地，作为"囚犯教育及其他行刑教育"之用。市公署派人调查此地产权后，本欲向该地业主租用此地，但日军硬要收购此地，因此经勘查后以1862.4元收购了这里。

扩大后的日军驻地，后来成为华北最高军法机关多田部队军法部的监狱，又被称为"日本陆军监狱"。监狱四周围墙修筑了七座炮楼，并在高大的围墙之上拉起了高压电网，监狱里的镣铐、刑具、警察、警犬、警棍、警报，让人感到不寒而栗。这里最多的时候曾关押过三千多人，牢房人满为患，就像是奥斯维辛集中营。

抗日战争胜利后，此地又恢复了"北平陆军监狱"的称谓。1945年10月10日，女汉奸川岛芳子在东四九条寓所被捕后，不久转到北平陆军监狱，后来又转到宣武门外第一监狱，最终被执行枪决。

四、炮局的故事（三）

国民党统治时期，又有许多革命者被国民党反动派逮捕，先被关押在这里，然后再被押到西城草岚子监狱。1946年，国民党特务组织在此建立了"国防部爱国青年训导第四总队",简称"青训总队",这里成为关押被俘军人及爱国青年的集中营。1949年2月,炮局集中营被解放军北平军事管制委员会查封。

1949年后,炮局胡同里的监狱被一分为二。监狱的南半部,由北京市公安局接管。

2013年左右我过去看时,那里依然可见高高的围墙和高架的电网,以及大院四个角落残存的四座炮楼。据了解,有关部门鉴于炮局监狱的历史价值,决定仍保持其原貌。

光阴荏苒,岁月变迁,炮局胡同也在发生着变化,而这里曾经发生的故事,永远不会被人淡忘。

炮局监狱建筑遗存

我所知道的前圆恩寺胡同

过去，北京有许多胡同都是用寺庙的名称来命名的。今天我们所要说的前圆恩寺胡同就是其中的一条。前圆恩寺胡同位于北京市东城区南锣鼓巷街区，因胡同中的圆恩寺而得名。这条胡同东起交道口南大街，西至南锣鼓巷，南邻秦老胡同，北靠后圆恩寺胡同，全长449米。1965年，前圆恩寺胡同改叫"交道口南四条"，1979年恢复"前圆恩寺胡同"的名称。

一、胡同中的古迹

（一）圆恩寺

吴长元《宸垣识略》卷六"内城二"中写道："圆恩寺在昭回坊圆恩寺胡同，元朝至元年间建。寺西有广慈庵，碑碣有'建立十方院，圆恩是比邻'之句。镶黄旗官学在安定门大街圆恩寺胡同。"由此可知，在圆恩寺的西侧还有广慈庵，另外，胡同内还曾有镶黄旗官学。

据"1928年北平特别市寺庙登记"记载："圆恩寺，坐落内五区前圆恩寺二号，建立年代失考，咸丰十年募修。本庙面积东面南北长二十一丈二尺，北面宽十九丈七尺，房屋九十九间，管理及使用状况

清光绪九年（1883年）重修圆恩寺碑

为自住,庙内法物有木像二十三尊,泥像二十尊,铜像一尊,铁钟两口,铜香炉两个,铁鼎两个,铁瓶两个,西[锡]王供一堂,木梆一架,大供桌两张,锡王供托一堂,烛扦两个,灯托一个,三经一套,残整不齐数套,另有松树四棵,柳树一棵,槐树三棵,楸树三棵,水井一眼,石碑一座。"

如今,圆恩寺的建筑除东厢房外基本无存,在寺庙旧址上建了休养所。

圆恩寺旧址

（二）广慈寺

再说圆恩寺西侧门牌7号（老门牌4号）的广慈寺，广慈寺又称广慈庵、广慈禅林。史料显示，这座寺庙为明万历四十五年（1617年）太监刘文辟等出资修建，清道光二十八年（1848年）重修。

"1936年第一次寺庙总登记"中记载："广慈寺南北长二十一丈，东西宽十三丈，寺北宽十九丈五尺。殿宇九十一间。庙内尚存法物：木雕佛像三十一尊、泥塑像两尊、小泥佛七百余尊、画像四尊、钟板一份、供桌九张、铜香炉一座、小铁香炉三座、瓷香炉十座、大鼓两面、石制日月球各一架、锡五供大小二十三个、铜磬两架、木梆一架、大铜钟一口、木鱼一个、大锡五供一堂、木五供十件、藏经全部。寺内有石碑一通。"而今，广慈寺的命运也与圆恩寺一样，已荡然无存。

（三）镶黄旗官学

前圆恩寺胡同中的镶黄旗官学也就是后来的圆恩寺小学。据于敏中《日下旧闻考》卷六十六载："八旗官学在八旗分地，雍正五年，以就学者众，即各旗官房容百人诵读者建为官学，隶国子监。八旗官学，镶黄旗在安定门大街圆恩寺胡同。"由此可知，镶黄旗官学为清代所设八旗官学中的一支。据史料记载，当时的校舍有三十七间，为北向三进院落。

如今，镶黄旗官学曾经的校址，主体建筑保存比较完整，2009年被列为东城区文物保护单位。

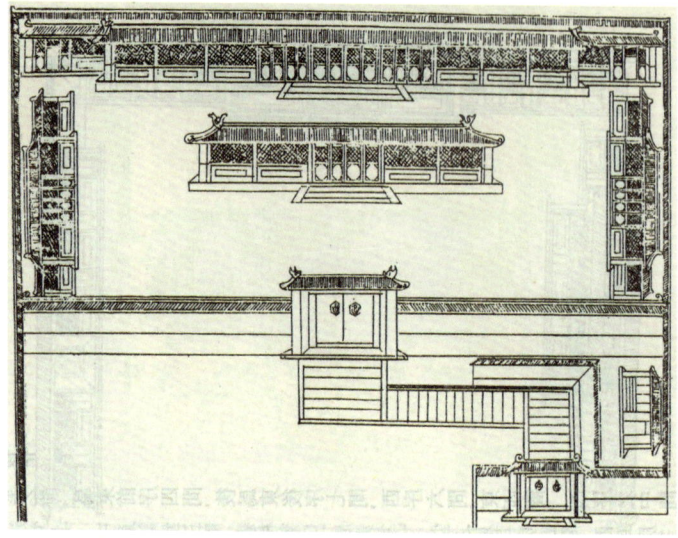

镶黄旗官学示意图

镶黄旗官学（今黑芝麻胡同小学）

计,钱家骐暂时谋得了一份天津纸浆造纸厂秘书的职业。

然而对于过惯了国外生活的钱家骐一家人,北平的生活条件就显得稍微差了些,于是他们决定去美国纽约。

钱家骐到美国后,投身放射治疗学的研究,成绩卓著,被同行们誉为"放射治疗中剂量计算机化的伟大之父",为此获得过多个奖项。1960年前后,已是著名放射物理学家的钱家骐,还受邀到维也纳的联合国国际原子能局工作。

1999年,当"顾维钧生平事迹陈列室"正式开幕时,钱家骐先生也过世了,顾菊珍带着儿子、女儿、侄子回到祖国,出席了开幕式,在这个家庭中唯一少了钱家骐先生的身影。

(三)李国超

1936年,远在南方任职的内政部禁烟委员会总务处处长钱方轼,正在为有人要来买自己位于前圆恩寺胡同15号(老门牌)的这座宅院而犯愁。他知道自己惹不起这个买主,最后不得不委托在北平上学的小女儿钱荣焕(时年十八岁)来经办此事。而要买这座宅院的买主正是大名鼎鼎的李鸿章的孙子李国超。

9月5日,钱荣焕与李国超办理了房屋的过户手续,李国超正式成为这座院落的主人。

李国超的父亲是李经迈,李经迈是李鸿章最疼爱的小儿子。李经迈酷爱收藏,翻开他1928年写的藏品目录,仅田黄石章就有一百一十五方,其中最大的一方重八两二钱,其次一方重六两六钱。他的书画碑帖仅目录就有四册,实物按号码装箱,共有十二

箱,其中有宋代赵文敏的写经、钱坤一花卉、松雪老人萧翼赚兰亭、先贤朱子墨迹,元代的梅道人墨竹图、黄鹤山樵松窗读易图等;碑帖有淳化阁帖、石经、三希堂法帖等,都是些极其珍贵的文房极品。

李经迈的藏书楼里大部分书是继承李鸿章的遗存,珍贵版本在他晚年时曾被零星出售。如今市场上被视为凤毛麟角的珍贵版本宋版书,当时在他的书橱中比比皆是。

李经迈于1938年去世,他的儿子李国超将父亲的藏品进行整理后,把珍贵版本留下,其余藏品于1940年捐给了震旦大学,计一万八千册,分为政书、兵书、地方志、科技图书和名人年谱,年谱中包括胡林翼、左宗棠等人的年谱;抄本如《柔远全书》系历代中原地区与西域诸国的外交档案。这些藏书到了震旦大学后,校方辟出"李氏文库"专室,并以特制的精美雕镂西式书橱储藏,《震旦学报》上曾撰文介绍过这批藏书的文献价值和研究价值。中华人民共和国成立之初进行院系调整,把震旦大学藏书分给复旦大学和华东师大,"李氏文库"归复旦大学图书馆,藏书按类别分散入库。

李国超于中华人民共和国成立前夕举家去了香港,后辗转到美国,再也没回来。临行前他把大陆的所有房产都卖了。由于上路时行李实在太多,就留下了五个箱子,寄存在合众图书馆顾廷龙馆长处。1949年后,顾廷龙先生将其捐给上海图书馆。2007年底,上海图书馆举办该馆馆藏历史照片原照展,其中有一批李鸿章家族的照片,就是李国超出国前寄存的。由此可以想象,当时李国超在前圆恩寺胡同居住的这座宅院，简直就是一座珍宝馆。

三、胡同里的学问大户

说起前圆恩寺胡同14号（老门牌），其实这座院落很大。1949年前，这里曾居住着邓以蛰一家人。

邓以蛰是我国著名的美学家、美术史家和艺术理论家、教育家，中国现代美学的奠基人之一。清光绪十八年（1892年）他出生在安徽省怀宁县，是著名书法家邓石如的五世孙，教育家邓艺孙的第三子，从小接受传统教育，青少年时代逐渐转向"西学"。清光绪三十三年（1907年）邓以蛰到日本学习日语，以文学博士毕业于早稻田大学。清宣统三年（1911年）回国，从事文化教育。1917年赴美，入哥伦比亚大学学习哲学、美学。1923年回国，曾在北京大学、燕京大学任教授，并开始在《晨报副刊》等刊物上发表涉及诗歌、戏剧、美术、音乐等方面的文章。

1927年至1928年，邓以蛰先后到厦门大学、清华大学任教，并出版文集《艺术家的难关》，认为艺术是超出于自然的绝对境界、理想境界的表现，而非对自然的模仿，强调艺术不要流落为仅使人感官愉快的东西。另外，又倡导艺术对社会、人生的作用，倡导民众的艺术。在这本著作中，还论述了艺术与情感的关系，以及诗、音乐、造型艺术、戏剧的区别等。

1933年至1934年，邓以蛰出游意大利、比利时、西班牙、英

国、德国、法国等，访问了许多艺术博物馆，归国后写成《西班牙游记》。自此，在清华大学任教的同时潜心研究中国书画及其美学理论。

1949年后，邓以蛰先后在清华大学、北京大学任教，写了《中国艺术的发展》，并校阅《唐宋绘画史》等。1962年，他把家中珍藏的邓石如的大量书法篆刻作品捐献给了北京故宫博物院，受到国家文化部的嘉奖。

而其子正是我国核武器研制工作的开拓者和奠基者，"两弹元勋"邓稼先。

四、胡同里的大画家

前方提到钱方轼在李鸿章的孙子李国超的压力下，不得不出售了自己位于前圆恩寺胡同15号（老门牌）的宅院。这个钱方轼也非等闲之辈。他字俊葵，亦称钱隽迮，江苏武进人，生于清光绪十二年（1886年）。早年就读于北洋大学，清光绪三十三年（1906年）留学美国哈佛大学。回国后，曾任内政部禁烟委总务处长、财政部盐务总署署长、中央财政部次长、北京哈佛同学会会长等职。钱方轼的哥哥钱名山，曾是清朝进士，并做过刑部主事；他的大弟弟钱方茂，毕业于日本早稻田大学；他的小弟弟钱方度，毕业于德国柏林大学。

钱方轼曾有别墅位于八大处长安寺以北，别墅面积颇大，树林甚

前圆恩寺胡同内的照壁

前圆恩寺胡同

钱方轼的画

多,当年这所别墅集丘壑亭榭之美。钱方轼留学美国时,结识了一位美国姑娘,后来结为伉俪。每当外宾客商来游西山八大处时,此处别墅即作招待所使用。

钱方轼晚年以画为生,尤擅长水墨山水画。如今,市面上钱方轼的画已成为收藏者们稀缺的藏品。

总之,前圆恩寺胡同可说的故事真是太多了!可细一想它只不过是北京众多胡同里的普通一员,如果真把北京所有的胡同故事都写出来,那将是一部大书,估计这辈子都看不完。

且说大取灯胡同

从北京的东皇城根的北端向南走不远，路东便有一条胡同，名为大取灯胡同。说起大取灯胡同的历史，可以追溯到元代的至元年间。

一、从崇真万寿宫到天师庵草场

当年，元世祖忽必烈曾在现在的大取灯胡同以北，为道教大宗师张留孙建起了一座崇真万寿宫，因忽必烈曾封张留孙为"天师"，故当时的老百姓又把崇真万寿宫称为天师庵或天师宫。

当时的崇真万寿宫到底是什么样，今天很难想象。不过按照方位来说，它位于元大都皇城外的"艮"位，这一方位选择有些类似宋代宋徽宗在汴京建造"艮岳"；又因为是道教正一派的宫观，体现了正一派道教的理念。崇真万寿宫主要建筑少不了山门、牌楼、御碑亭、上清宫、玉皇阁、七星坛以及传说中的蓬莱、方丈、瀛洲三座神山为主要景观的园囿，营造出仙境般的氛围。

到了明代，崇真万寿宫被改建为储存御马草料的"草料库"，可老百姓们还将这里惯称为"天师庵草场"，清代朱一新撰《京师坊巷志稿》记载："御马监辖有天师庵草场，旧都府草场，天师庵草场在皇城外东北角，正统间以张天师旧处改建，故名。"

明天启六年（1626年），天师庵草场失火，火势凶猛。大太监魏忠贤亲自督率官兵救火，三天后才把火扑灭，据说他还亲自端盆浇了水。而随着明王朝的覆灭，这里大片的草场空地再次被派上了用场，一座规模宏大的清王府在这里悄然兴建。

二、诚亲王府的兴衰

几年前，曾与朋友相约于大取灯胡同9号的"格格府"，这里的古韵奢华给我留下了深刻的印象，我不禁萌生了追问这座府邸渊源历史的念头，经查阅史料，方茅塞顿开。

在清乾隆十五年（1750年）《乾隆京城全图》上，取灯胡同以北的相应位置，描画着一座从大佛寺西街到东皇城根北街规模庞大的诚亲王府。在《宸垣识略》中写道："诚亲王在大佛寺北路西。""诚亲王"指的是清代康熙皇帝最小的儿子允祕，他生于清康熙五十五年（1716年），清雍正十一年（1733年）被封为诚亲王。据记载，他是一位"秉性忠厚平和，有学识"的亲王。虽然早已被封为亲王，但直到清乾隆二年（1737年），这位王爷才分到位于这里的府第。

"诚亲王"允祕死后，其长子弘畅降袭郡王，仍居本府。允祕的次子弘旿于清乾隆三十九年（1774年）被封为固山贝子，在王府的南端，也就是现在的大取灯胡同9号，另建了贝子府。

而后弘畅郡王府这边却屡出事端。先是弘畅的长子多罗贝勒永珠，因犯事被夺去爵位，又因永珠没有子嗣，将弘旿之次孙绵勋过继为后代，并降袭贝子。

  同治年间，因绵勋贝子府是原王府的规格，早已超标。为了回避逾制之嫌，内务府将王府的后半段切割出去，变为平民住宅，形成了后来的小苏州胡同，还将王府的西南侧切割出去一大块。尽管如此，仍然感觉作为贝子府还是有些奢侈。再后来，绵勋的后代再次递降爵位，无奈只能听从内务府的安排，奉命被安置在西城绒线胡同西口路北的位置。

  1965年，小苏州胡同被改名为"阳春胡同"，并延续至今。被切割出去的王府西南侧最南端形成了一条短小的兴隆胡同。

三、从公主府到博物馆

  清同治八年（1869年），被切割后的原绵勋贝子府，赐给了荣安固伦公主。

  由于荣安固伦公主是咸丰皇帝的长女，所以这里又被称为"大公主府"。而荣安公主住的时间不长，就因病咯血暴卒。此府遂于同治十三年（1874年）又赐给了恭亲王奕訢的长女荣寿公主，故此府又称"长公主府"。

  荣寿公主生于咸丰四年（1854年），其父奕訢是咸丰皇帝的异母兄弟，辛酉政变后，奕訢成了总揽外朝内廷大权的重臣，慈禧太后为了笼络恭亲王，宣其女进宫生活，对其恩宠有加，特封为固伦公主。

  1924年，荣寿公主去世，时年七十一岁。麟光夫妇在继承了公主

府后大肆挥霍，费用居高不下，入不敷出，之后便大量借款并典卖家当，直至出售部分府邸，致使府邸多次变更用途，府邸的西部被大量拆改，失去了原状。在麟光病逝之后，债主纷纷到府上讨账，麟光之子增恺、增悌、增怿弃府而走。

这座公主府最初被债权人吉祥戏院占有。后来，这座府第又进驻过各类军人。中华人民共和国成立初期，中央民委的临时办公地点设在了这座公主府内。

1956年，在原公主府址建立了北京市中医医院。1986年，北京市中医医院为建设新门诊楼、科研楼，将院内保存较好的原公主府主体部分建筑迁建于密云白河郊野公园内。这组建筑分正、西两路，共一百三十余间殿堂。正路五进院落，西路为四进院落，均为灰布筒瓦顶，布局严谨，气势雄伟，是一处规模较大的古代建筑群。1988年，在原公主府传统建筑的基础上成立了密云县博物馆。

四、从弘旿府到多公府

话说诚亲王允祕的次子弘旿贝子在大取灯胡同，即后来所谓的"格格府"的位置另立门户，给这条胡同带来了繁荣，但同时也拉开了这座府邸新的变迁史。

弘旿，字卓亭，号恕斋，又号醉迂、瑶华道人、一如居士，他仕途一直坎坷，直到嘉庆年间才被封为奉恩将军，不过他在艺术上却成就斐然。他被人们誉为清代著名的藏书家、书画家。他将自己的藏书

荣寿公主与众皇亲女眷

楼命名为"静寄轩",所藏书目有两千余种,多为明、清的文学作品,其中也有宋、元的刊本。

另据《啸亭续录》记载:"贝子弘昿……其宅后为恭勤贝勒弘明所居。贝勒圣祖孙,恂勤郡王允禵之子,今辅国公载森其后人也。"也就是说,当时在贝子弘昿宅后面还住着一位恭勤贝勒弘明,此贝勒是康熙的孙子,又是恂勤郡王允禵的儿子。

晚年的荣寿公主

公主府遗存

迁移到密云的公主府大门

而在这里住的是贝勒弘明的后代,辅国公载森。可是这座在弘㫶宅后的贝勒弘明府,至今早已不见了踪影。

还有资料记载,弘㫶的次孙绵勋过继给弘㫶的侄子永珠,承袭了大取灯胡同北侧的王府,待弘㫶过世之后,内务府将弘㫶府收回,转赐给了康熙皇帝第十四子允禵的后代奕兴。而奕兴此时已递降为镇国公。待奕兴过世后,其次子载森继承了这里的房产。不过此时的载森又递降为不入八分镇国公。载森去世后,其次子溥多继续在此居住,并于清光绪二十年(1894年),承袭了不入八分镇国公的爵位,直至进入民国,溥多一直在这座府邸居住,享受着民国政府对清朝遗老遗少的优待政策,使这里成为远近闻名的多公府。

五、时代变迁的感叹

1946年,英国颐中烟草公司租用了大取灯胡同1号作为员工宿舍。清末隆裕太后的堂侄叶恩铨此时正住在这里,年近四十的他,早已将叶赫那拉的祖姓改为汉姓叶。叶恩铨工作在崇文门内孝顺胡同的颐中烟草公司,住在大取灯胡同1号的公司宿舍。叶恩铨育有三女一子,此时主要靠他的收入维持生活。

前不久我们再去看这座院落的时候,这里已经变成了大杂院,只

弘昑府大门

弘旿府厢房

弘旿绘翠屏云绣图（局部）

有老房子的灰砖和房顶边上的护檐板还能依稀辨别出过去的模样。跟着一起变化的还有胡同西边路南的那座何家小院，而今也已经成了一座杂院。就在这座杂院的斜对过儿便是大取灯胡同9号，过去的弘旿贝子府，后来的多公府。2001年初，这里开了一家饭庄，为了使生意兴隆，取名为"格格府"，2013年宣布歇业。

站在大取灯胡同中间，遥想那早已不见踪影的天师庵，在地图上看看那座诚亲王府，抚摸着眼前弘旿贝子府的照壁，再向西看看过去还认为历史不太长的科学出版社，忽而又隐约听到胡同东边路南那座乐家轩里传来的阵阵曲调……这就是北京！老的、旧的、新的，都交织在一起了。这条不长的胡同，厚重得让人感叹！

帽儿胡同传奇

我们今天所说的帽儿胡同位于南锣鼓巷街区。它东连南锣鼓巷，西接地安门外大街，呈东西走向，全长五百八十五米。明朝这里称"梓潼庙文昌宫"（见嘉靖十年至十四年《北京城宫殿之图》），清朝称"帽儿胡同"（见雍正五年《八旗通志初集图》）至今。在清《乾隆京城全图》中对帽儿胡同进行了较详细的描绘，可以看出帽儿胡同在南锣鼓巷街区内的十六条胡同中是最长的，也是唯一一条能够直接沟通南锣鼓巷与地安门外大街的胡同。

要讲南锣鼓巷街区帽儿胡同里的传奇故事，就不能不从这条胡同的老门牌说起，因为北京胡同的门牌在1965年前后分为新门牌和老门牌，如果按照现今的门牌去讲老故事，肯定会张冠李戴。1965年以前，帽儿胡同的门牌是由胡同路北的东头向西头，再由胡同路南西头向东头大排行数的。胡同路北的老门牌由1号至30号，胡同路南的老门牌由31号至70号，也就是说胡同的老门牌1号对门是老门牌70号。下面就摘略地讲一讲发生在这条胡同里的传奇故事。

一、老门牌3号内的总统

帽儿胡同老门牌3号（现为5号），据史料记载，张勋复辟失败后，冯国璋以副总统代总统，抵京就职。冯国璋任代理总统期间，从清末大学士文煜后人手中买下包括此宅以及此宅以西的大片院落，因此，这处宅院便有了短暂成为总统府邸的经历。

这座院落共有四进，广亮大门，门前有照壁，进入大门后，

冯国璋像

影壁左右两侧各有四扇屏门。东侧的院子有倒座房两间，西侧的院子有倒座房五间，整座院子以西侧为主。西侧倒座房对面有一座清水脊的小门楼，蝎子尾下饰有花草盘子，门墩为青白石雕刻的一对小石狮子。二进院内有过厅三间，院内抄手游廊环绕，东、西厢房各三间，正房五间。进入三进院的垂花门，两侧连接着抄手游廊，抄手游廊一侧的墙上有各种形式的什锦窗。院内正房三间，耳房一间，东、西厢房各三间。四进院内为罩房七间。整座院落结构严谨，布局完整。2001年，这座院落被公布为北京市文物保护单位。

二、老门牌号里的文昌宫

帽儿胡同现门牌15号、17号、19号、21号为老门牌甲8号、8号、9号及旁门,这片区域便是史上著名的梓潼庙文昌宫旧址,曾经是清嘉庆帝亲临,行九叩大礼,享誉京城的"五坛八庙"之一。这里有明成化十三年(1477年)二月十五日刻的《梓潼庙敕谕碑》。清嘉庆年间,这里香火极盛。清嘉庆六年(1801年),嘉庆皇帝亲自撰文,大学士刘墉书写的《御制文昌帝君庙碑记》,现在依然矗立在院中。这里现在已经变成了名副其实的大杂院,站在院中冥想,已很难复原萦绕在人们脑海里的当年的盛世场面。

刘墉书写的《御制文昌帝君庙碑记》

帽儿胡同3号

帽儿胡同5号大门

三、老门牌15号的末代皇后闺房

帽儿胡同35号（老门牌15号）、37号（老门牌甲15号），俗称娘娘府。其宅是末代皇后婉容曾祖父郭布罗长顺所建，原只是较普通的住宅，婉容婚前曾住在这里。

1922年，婉容被册封为皇后，其父荣源被封为三等承恩公，该宅升格为承恩公府。为履行民国初年所颁布的优待清皇室条件，北洋政府对这所"后邸"大加修缮，以合乎府第的规格，将原来一间的院门，改为三间的府门。在七间南房的后檐墙，开了两个门，成为15号（老门牌）和甲15号（老门牌）。院落为东、西两路，西路为四进院落，正房五间即为婉容所居，正房内的隔扇、落地花罩雕镂极为精细。东路为三进院落，前院有家祠，后院有假山、水池。现在，东院花厅的装修基本保存原状，明间迎面墙满嵌的巨镜，还是原物。

婉容府中照

原婉容卧室

婉容故居

四、老门牌17号的抗日将士

娘娘府紧邻帽儿胡同的老门牌17号（现门牌39号），这里感觉不太起眼。据档案记载，这里曾经住着一位叫张克明的国民党少将团长。

张克明，河北吴桥人。此人在抗日战争中，曾任池峰城军冯安邦师的团长。在台儿庄战役中，他任敢死队队长，七进七出，手拿大刀，腰里别着手榴弹，光着膀子奋勇杀敌。想不到，在这座普通的宅院里竟住过这样一位抗日将士。

五、老门牌70号的摄影学会

帽儿胡同东口

帽儿胡同路南东口的第一个门牌2号，也可以说是帽儿胡同老门牌70号的最后一个门牌。据档案记载，1944年，李鸿栋迁入此院，此时他正担

帽儿胡同东口路南

任中华美术协会北平分会干事，1945年10月，李鸿栋邀集张印泉、蒋汉澄、张卓人、刘光华、廖增益、常乔志等人，发起成立了北平摄影学会。要知道那时国人中有相机的人可谓凤毛麟角，能攒起这样一帮非富即贵且有艺术细胞的人成立所谓"摄影学会"在那时绝对是件稀罕事儿。真没想到这样普通的一座小院落，还能为这条胡同增添这么"辉煌"一笔。

今天，帽儿胡同已发生了太大的变化。如果问到在胡同中常年居住的老人，这条胡同变化最大的是什么，他一定会告诉你，这条胡同过去没有这么多车，没有这么多人。面对着眼前熙熙攘攘的人群和川流不息的车辆，你很难想象这条在南锣鼓巷街区最长的胡

帽儿胡同6号

同,在1948年的档案记载中,常住居民只有五百五十八人。在南锣鼓巷被商业开发之前,这里仍是一条很安静的胡同。就是在这样一条恬静的胡同里,却发生过这么多的传奇故事,但愿这些故事不要被这里的喧哗和躁动所湮灭,让这里的胡同院落成为贯串于过去、现在、未来的载体,使历史文化与自然生态实现完美共融,交相辉映。

漫谈北京街区的地名传承

北京有三千多年的建城史,八百六十多年的建都史,地域文化丰厚,民俗情结浓郁。在城市发展的历史长河中,北京逐渐形成了一套地名命名的标准和规范,其中,城市街区的地名就是前人以口碑形式为我们留传下来的一系列真实而完整的历史信息,这份史料也将被后人长久地传承下去。

一、北京街区名形成的历史沿革

首先,北京街区地名的命名是沿袭了唐朝幽州城坊巷的命名套路。《旧唐书》中记载:"百户为里,五里为乡,四家为邻,五家为保,每里置里正一人,在邑居者为坊,别置正一人。"唐朝幽州城坊巷的格局为田字形,中间为十字街,十字街把坊分为几个部分。坊四周有围墙,围墙四周开有坊门,坊门上悬有坊额,"坊额"就是最早的地名。据记载:唐幽州城和辽南京城均有二十六坊,金中都城有六十二坊,元大都城有五十坊,明

老门牌样式

旧时位于朝外大街的绸缎店

朝北京城有三十四坊。清朝,北京城按"旗"划分区域,"坊"被取消。

元大都城不仅有坊,而且出现了火巷和胡同,只是今天难以找寻其更为翔实的记载罢了。我们从元杂剧《沙门岛张生煮海》中可以找到佐证。在剧的第一折中张生与龙女定情后,张生的家童与龙女的侍女梅香调情。家童云:"梅香姐,你与我些儿甚么信物?"侍女云:"我与你把破蒲扇,拿去家里扇煤火去!"家童云:"我到哪里寻你?"侍女云:"你去兀那羊市角头砖塔儿胡同总铺门前来寻我。"足以证明元大都城里已有砖塔胡同。而所谓"砖塔"正是我们今天能够在西四丁字路口西侧所能见到的那座八角七重檐的青灰色砖塔,此塔为元朝纪念万松老人而修建的"万松老人塔"。至于"羊市角头"则应指砖塔胡同旁边的羊肉胡同,同样历史悠久。到了明清时期,在北京内外城的版图上,胡同、街巷的名称已比比皆是。到了清末民初,以"路"为名的地方逐渐增多。

清朝,北京街巷、胡同的命名方式有俗成官认、官定民承等若干

1933年北平航拍

种、巷口、胡同口的名牌没有统一规范,有官制的也有民制的,大小不一、形态各异。民国时期,将北京道路、街巷、胡同的名称逐步进行规范,路牌有了铁牌涂漆的,门牌制成了铁胎蓝底搪瓷的,门牌上不但有城区、胡同的名称,还在门牌号下用苏州码进行标注。

有人形容北京:"大胡同三千六,小胡同赛牛毛。"在老北京的内城,除了与城门相对应的大街,一般都是"南北称街,东西称胡同"。正南正北,纵横交错的胡同街巷,通过地名强化了道路的方位感。

二、北京人如何给北京街区起名

春秋战国时期的思想家、政治家墨子曾提出要"取实予名",认为"名"要据"实"确定,"名"要与"实"相符。北京街区地名的命名基本上遵循了这一规律。北京有很多带"菜"的街区名。其地名的由来,一是北京地区在金朝时,中都附近有种植蔬菜的农户,到了元、明、清时期,京城种植蔬菜的地方已很多;二是由于进行蔬菜的交易市场,特别是某些菜市以销售某一种蔬菜而闻名,久而久之,就被称为以某种蔬菜为名的胡同或街巷了。如今,这些以蔬菜命名的地方,最著名的是菜市口、菜户营和南菜园。

另外,过去老北京以"窑"命名的地方也很多,例如:大北窑、刘家窑、黑窑厂、白盆窑、大瓦窑、小瓦窑等,寻其由来,发现北京历史上曾有很多烧制砖、瓦、盆的窑场,这些窑场废弃后,窑场的名称便成了当地的地名。例如：黑窑厂街在旧宣武区南部的陶然亭公园以北。明永乐四年（1406年）朱棣将都城由南京迁至北京，为修筑城墙，设立了五个制作砖瓦的窑厂，黑窑厂就是其中之一。清康熙三十三年（1694年）除了保留烧制琉璃瓦的琉璃厂外，其余四个窑厂均被撤销，黑窑厂也在其中。后来，这里逐渐成了居民区，地名被保留了下来。

北京街区的地名中有很多是以人物或某一居住大户来命名的，例如：赵家楼。赵家楼原为明朝文渊阁大学士赵贞吉的宅邸。据民国地图考：此处原为前后曲折U字形走向，总长不超过四百米，后被一分为二，前边称前赵家楼胡同，后边则称为后赵家楼胡同。因后花园假山

已消失的东观音寺街

上的亭似楼,故名赵家楼。民国初年,这里成为曹汝霖的第宅。1919年,震惊中外的"火烧赵家楼"事件,掀起了"五四运动"的高潮,拉开了中国新民主主义革命的序幕。

北京街区的胡同街巷有近百分之二十是以寺庙、道观来命名的,例如:三庙街、嵩祝寺胡同、云居胡同、净土胡同、琉璃胡同、善果胡同、正觉胡同、马神庙胡同、娘娘庙胡同、福祥胡同、圆恩寺胡同、法源寺街、隆福寺街、大佛寺街、城隍庙街、观音寺街、护国寺街、旌勇里等,这些胡同街巷的命名都是以坐落在此的寺庙道观来确定地名的。据统计,民国时期,北京的寺庙道观曾达到一千七百余座。

北京街区还有一些胡同街巷是以外地的地名来命名的,例如:苏州胡同、扬州胡同、镇江胡同、福州胡同、桐梓胡同、陕西巷等。其中,原位于崇文门内的扬州胡同是明朝时期的老地名,清朝后,讹作洋溢胡同。它与附近的苏州胡同、镇江胡同等都是明朝随永乐皇帝进京的南方人的聚居区。

老北京人喜欢喜庆、祥和的气氛,对国富民强充满了期待。将这份愿望和期待赋予到对北京街区的命名上,就有了如意胡同、吉祥胡同、

西交民巷东口

吉兆胡同、喜庆胡同、喜悦胡同、同乐胡同、兴盛胡同、丰盛胡同、丰富胡同、丰华胡同、富强胡同、国兴胡同、大兴胡同、大兴庄、兴隆街、兴胜胡同等名称，反映出人们图吉利、求兴盛的心理诉求。如果粗略地将北京街区中带有"福、禄、寿、喜"和"安康、太平"等字眼的地名数一数，发现至少要达到一百五十多个。

纵观北京街区地名的命名及发展变化可概括为五大类：一、官定民承；二、俗成官认；三、官定与俗成并行；四、俗成官改；五、官定官改。

1964年起，北京市用了一年多的时间，对全市范围内的胡同、街巷名称进行地名整顿。对四个城区的三千五百九十多条胡同、街巷逐一考评，对带有封建迷信、庸俗及重名的胡同、街巷更改了约百分之四十。修改了一些以寺庙道观、封建人物等命名的胡同、街巷名称，还将一些小胡同与邻近的大胡同进行整合，整合后名称随大胡同的名称。胡同、街巷的门牌号也由过去的大排行重新编排为单双号。整合后，四城区的胡同、街巷名称留有两千九百九十四条。对重新命名的胡同、街巷名称在报纸上进行公布，并汇集整理成册。通过这次地名整顿，虽然改了一部分名称，基本上未脱离原来地名的基础，仍将原来的名称体系保留了下来。这次地名整顿后，在主要街道路口竖立了明显的路牌标志，胡同内被重新编排的门牌制成了铁胎红底搪瓷的，上面标有胡同名称和号牌数。

随着我国改革开放的深入和经济的迅速发展，城镇建设速度不断加快，规模不断扩大，出现了大量新的居民区、商住楼等各种建筑物。与此同时，新的城镇建筑物名称也大量涌现。这些建筑物名称在

商务活动、广告宣传、邮电通信、日常交往中被广泛使用，具有明确的指位功能和鲜明的地名意义。但由于当时命名的随意性很大，管理工作又跟不上形势的发展，因而在全国出现了建筑物名称较为混乱的情况。这些混乱的建筑物名称，违背了国务院《地名管理条例》有关地名命名的规定和国际地名标准化的原则，不符合国家汉语语言文字的使用规范，给人们的生活和交往带来了不必要的障碍，并有损于社会主义精神文明建设。

1994年11月10日，中华人民共和国建设部颁布（1994）第38号令，指出：地名管理必须遵循地名的"稳定性"和"约定俗成"的原则。地名是一种语言现象，应保持地名语言的相对稳定。

北京是世界著名的历史古都，在这座古都里，既有有形的文化传承，也有无形的文化传承。在文化传承过程中，虽然一些有形历史形态和载体遭到了破坏，但作为文化符号的地名，保存相对较好，为我们讲好北京故事奠定了基础。北京的地名承载着丰富的文化信息，接续着千百年的情感传承，它就像黏合剂一样，帮助人们构建文化认同和身份认同。它承载的是一种地域文化遗产、物质文化遗产和非物质文化遗产的融合体。如果说对文化的传承和认同是对文化根脉的一种敬畏，北京街区的地名就是文化传承和认同的标识，应当把它好好地传承下来，让它成为文化传承的载体。

《总体规划》里的北京城

《北京城市总体规划（2016年—2035年）》（以下简称《总体规划》）的发布，进一步明确了北京是全国政治中心、文化中心、国际交往中心、科技创新中心。根据这样的战略定位，就要着力提升首都功能，有效疏解非首都功能，做到服务保障能力同首都城市定位相适应，人口资源环境同首都城市定位相协调，城市布局同城市定位相一致。同时，《总体规划》即将拉开北京城市功能空间重组的序幕，改变单中心聚集、城市"摊大饼"的发展模式。

一、《总体规划》中的"一核一主一副、两轴多点一区"

《总体规划》中提到"根据北京市域内不同地区功能定位和资源环境条件，形成'一核一主一副、两轴多点一区'的城市空间布局"。

所谓"一核"指的是"首都功能核心区"，也就是现在的东、西城区范围内，总面积约92.5平方千米。"一主"指的是"北京的中心城区"，包括东、西城区和朝阳区、海淀区、丰台区、石景山区，总面积约1378平方千米。"一副"指的是"北京城市副中心"，范围为原通州新城规划建设区，总面积约155平方千米。

"两轴"指的是以天安门为中心，一纵一横的两条轴线。第一条轴线是从永定门到钟鼓楼的老北京中轴线长7.8千米，向北延伸至燕山山脉，向南延伸至北京新机场、永定河水系。第二条轴线是长安街及其延长线，向西延伸至首钢地区、永定河水系、西山山脉，向东延伸至北京城市副中心和北运河、潮白河水系。

"多点"指的是"位于平原地区的新城"，包括顺义、大兴、亦庄、昌平、房山新城，是承接中心城区人口疏解的重点地区。"一区"指的是"生态涵养区"，包括门头沟区、平谷区、怀柔区、密云区、延庆区，以及昌平区和房山区的山区，是北京的大氧吧，是保障首都可持续发展的关键区域。这种空间结构的调整，既体现出尊重历史发展，又坚持一切从实际出发，注重长远发展。

二、北京近现代人口与市域的变化

这次编制的《总体规划》，明确指出要严格控制城市规模，严守人口总量上限、生态控制线、城市开发边界三条红线。到2020年，北京的常住人口规模控制在2300万人以内，2020年以后长期稳定在这一水平。要达到这个目标就要将2014年城六区的常住人口1276.3万人，到2020年控制在1085万人左右，到2035年控制在1085万人以内。这就意味着东城、西城、海淀、朝阳、丰台和石景山的人口将减少近200万人。

翻开北京城的前页，清代末年，北京开始分区管理，一开始在内城分26个区，在外城分20个区。清光绪三十四年（1908年），把46个区合并成23个区。清宣统二年（1910年），又把23个区合并成20个区。

民国时期，在1920年以前，这座城市的人口不足55万人。1925年，北京开始设东、西、南、北四个郊区，加上城郊的人口仅是126万多人。1928年，由于民国首都迁到南京，北京改叫北平特别市，区界重定，20个城区重新定成11个区，内城为6个区，叫内一区至内六区，外城叫外一区至外五区，郊区不变，范围东至黄庄、西至三家店、北至立水桥、南至西红门，面积707平方千米。1943年，东交民巷的使馆区被收回，建了"内七区"。1947年，把4个郊区改拆成8个郊区。1948年北平全市人口仅有192多万人，市辖面积为548平方千米，直到北平和平解放也没有什么大的变化。

1950年北京市政府决定将城内原有的12个区调整合并为9个区，内城划为5个区，外城划为4个区，定名为一区至九区。1952年，将1950年划分的9个区缩减至7个区。分别为：东单区、西单区、东四区、西四区、前门区、崇文区、宣武区。随后，北京开始不断扩容，1952年7月，将宛平县全部和房山县部分村划归北京市。9月，又将上述地区与门头沟地区合并组成京西矿区。经过调整，郊区划分为东郊区、南苑区、丰台区、海淀区、石景山区、京西矿区。北京辖13个区。1956年将河北省的昌平县所属行政区域（高丽营镇除外）划归北京市，命名为昌平区。北京市下辖14个区。

1958年北京行政区划变更最大。当年3月将河北省的通县、顺义、大兴、良乡、房山5个县和通州市划归北京市管辖。4月撤销前门区，

划入崇文区和宣武区。5月,将东单、东四两区合并,改称东城区,将西单、西四两区合并,改称西城区,城区由原来的7个变为4个。还是5月,将通县和通州市合并为通州区,良乡县和房山县合并为周口店区,大兴县和南苑区合并为大兴区,顺义县改为顺义区。将京西矿区改名为门头沟区,东郊区改名为朝阳区。到了10月,将河北省所属怀柔、密云、平谷、延庆4县划归北京管辖。经过一系列调整后,北京辖13个区、4个县。这时候北京市所辖的地域基本上定型下来,总面积为16410多平方千米。

三、古往今来话老城

北京有着3000多年的建城史、860多年的建都史。公元前1045年,周武王同时分封了两个诸侯国,一个是在现房山区琉璃河一带建立了燕国,一个是在燕国东北部建立了蓟国。北京地区由此而兴。后来,燕国吞并了蓟国,把蓟定为燕国都城。

汉代,北京地区属于幽州。隋代,改幽州为涿郡。唐代,又将涿郡改为幽州。随后,北京城曾经历四次大规模的发展。后晋天福二年(937年),五代的石敬瑭割了燕云十六州给辽,辽人将幽州城加以修整,"升为南京"。金天德三年(1151年),金朝的海陵王完颜亮迁都南京,模仿北宋汴梁的形制,按图兴修,并将南京更名为"中都",同时还营建了当时的离宫,即今天的中海、北海。金在辽旧城基础上的扩充,便是北京第一次的大改建。

北海雪景

金贞祐三年（1215年）蒙古人破了中都城，元至元四年（1267年）元代以琼华岛上离宫的宫殿为核心营造元大都，使这座都城的地址由西南方向东北方迁移，成为北京第二次的大改建。元大都是遵循《周礼·考工记》理想帝都的形制"匠人营国，方九里，旁三门。国中九经九纬，经涂九轨。左祖右社，面朝后市。市朝一夫"的形制来营建的，其中处处闪烁着古代先贤的营城哲理与建造这座城池的工匠们的智慧之光。

《马可·波罗游记》中是这样描述当时的元大都的："在城里的

大道两旁有各色各样的商店和铺子。全城建屋所占的土地也都是四方形的，并且彼此在一条直线上，每块地都有充分的空间来建造，美丽的住宅、庭院和花园。整个设计的精巧与美丽，非语言所能形容。"

元至正二十八年（1368年）明太祖朱元璋灭了元朝，次年将北京老城的北城墙南缩五里，修筑了新的北城墙。明成祖朱棣迁都北京后，于明永乐十七年（1419年）将南面的城墙向南展拓，由长安街一线移到现前门东、西大街的位置，使整个北京城约向南移动了四分之一；将宫城中轴线向东移了约150米，正阳门、钟鼓楼也随之东移，以取得由正阳门到钟鼓楼中轴线的贯通；同时又以景山横亘在皇宫北面如一道屏风，这个变动使景山中峰成了全城南北的中心，替代了元代的鼓楼地位。明代对天坛、地坛、日坛、月坛、社稷坛的处理，不仅体现出先人对天、地、日、月和社稷的敬重，而且蕴含着"天人合一"的古代哲学思想、传统理念和东方智慧。这次对北京城的改动和营建，便是北京史上的第三次城市改建。

明代中叶以后，东北的军事威胁逐渐加大，所以要在城的四面再筑一圈外城。原拟利用北面元代废弃的旧城，所以元大都北城墙于明代向南缩了五里。这时正阳门外已很繁荣，宣武门外更是金中都东门内外的热闹区域，崇文门外这时受漕运终点的影响，工商业也发展起来，所以工程由南面开始，先筑南城。开工后发现费用太大，所以改变了计划，仅筑了南城，即我们所说的"外城"，这是北京城的第四次改建，从此使北京城呈"凸"字形的城郭固化下来。

过去，在北京"凸"字形的城郭内，有宫城、皇城、内城、外城四重，以大片青灰色房屋和浓荫绿树为基调，烘托着金黄色琉璃瓦的皇宫及绿、蓝琉璃瓦的王府、坛庙，人们在这里享受着四季，过着恬静的慢生活。城内的大街小巷主次分明，循环有序，主要车辆自然汇集在大街上流通，不至于无故窜胡同，胡同里的住宅得到了宁静。北京城用600年前建立的交通道路和循环秩序，只需稍加展宽整理，便可成为理想的交通系统，这是祖先留给我们的"余荫"。有人形容古代的北京城就像一个完整的苹果，城墙是皮，大片的街区胡同是瓤，中轴线和紫禁城是核。

现在如果去到北京的胡同里，问一问那些常年居住在这里的老人们：北京有哪些变化？他一定会告诉你：过去北京没有这么多人，没有这么多车，没有这么多的高楼大厦！

而今的二环路沿线即是老北京的城墙所在，在这次的《总体规划》中提到"应该加强二环路沿线区域空间管控，严控建筑规模和高度，保持老城平缓开阔的空间形态。依托德胜门箭楼、古观象台、内城东南角楼、外城东南角楼、明城墙遗址等若干重要节点，开展二环路沿线的景观提升，建设城墙遗址公园，形成展示历史人文遗迹和现代化首都风貌的文化景观环线"。

图书在版编目（CIP）数据

档案·镌刻流年 / 王兰顺著. — 北京：北京美术摄影出版社，2019.2
（京腔京韵话北京）
ISBN 978-7-5592-0233-8

Ⅰ. ①档… Ⅱ. ①王… Ⅲ. ①北京—地方史—档案资料 Ⅳ. ①K291

中国版本图书馆CIP数据核字（2018）第295195号

总 策 划：李清霞
责任编辑：赵　宁
执行编辑：班克武
责任印制：彭军芳
装帧设计：金　山

京腔京韵话北京
档案·镌刻流年
DANG'AN · JUANKE LIUNIAN
王兰顺　著

出　　版	北京出版集团公司
	北京美术摄影出版社
地　　址	北京北三环中路6号
邮　　编	100120
网　　址	www.bph.com.cn
总 发 行	北京出版集团公司
发　　行	京版北美（北京）文化艺术传媒有限公司
经　　销	新华书店
印　　刷	天津联城印刷有限公司
版 印 次	2019年2月第1版第1次印刷
开　　本	787毫米×1092毫米　1/16
印　　张	16.25
字　　数	179千字
书　　号	ISBN 978-7-5592-0233-8
定　　价	88.00元

如有印装质量问题，由本社负责调换
质量监督电话　010-58572393